Vuela 6

Cuaderno de Ejercicios

Equipo de la Universidad de Alcalá
    Dirección: M.ª Ángeles Álvarez Martínez

    Programación y esquemas gramaticales: M.ª Ángeles Álvarez Martínez
                                           Ana Blanco Canales
                                           M.ª Jesús Torrens Álvarez
                                           Clara Alarcón Pérez

    Autoras: M.ª Ángeles Álvarez Martínez
             Ana Blanco Canales
             M.ª Jesús Torrens Álvarez
             Clara Alarcón Pérez

© Del texto: M.ª Ángeles Álvarez Martínez, Ana Blanco Canales, M.ª Jesús Torrens Álvarez, Clara Alarcón Pérez
© De los dibujos y gráficos: Grupo Anaya, S.A., 2006
© De esta edición: Grupo Anaya, S.A., 2006, Juan Ignacio Luca de Tena, 15 - 28027 Madrid

Depósito legal: M-3.912-2006
ISBN: 84-667-5165-3
Printed in Spain
Imprime: Lavel, S.A. Gran Canaria, 12. Polígono Los Llanos, 28970 Humanes (Madrid)

Equipo editorial
    Edición: Milagros Bodas, Sonia de Pedro
    Ilustración: Tomás Hijo, Alberto Pieruz y José Zazo
    Corrección: Raquel Mancheño
    Cubiertas: M. Á. Pacheco, J. Serrano
    Diseño de interiores y maquetación: Ángel Guerrero
    Edición gráfica: Jesús Ortiz

Fotografías: Archivo Anaya (Chamero, J.; Cosano, P.; Enriquez, S.; Leiva, Á de.; Lezama, D.; Martinez, C.; Ortega, A.; Padura, S.; Quintas, D.; R. Jove, V.; Sanguinetti, J. A.-Fototeca España; Steel, M.)

PRESENTACIÓN

Vuela 6 corresponde al nivel **A2** del *MRE* y está pensado para estudiantes que buscan ampliar y ahondar un poco más en su conocimiento básico del español. Intentamos ofrecerles unos conocimientos suficientes para desenvolverse en situaciones cotidianas relativamente complejas.

Vuela 6 está compuesto de 5 unidades didácticas, distribuidas en diez lecciones. Cada unidad didáctica se centra en un foco temático y cada lección constituye una unidad de trabajo en sí misma, con principio y fin, pensada para ser desarrollada en una única sesión de dos horas de duración.

Se presenta un material flexible y de duración variada sobre una estructura didáctica claramente establecida. El profesor no está obligado a realizar el esfuerzo de adaptar secuencias didácticas a su situación de enseñanza, replanteando los contenidos y el desarrollo, pues sobre una base de duración mínima y de estructura clara y transparente, solo ha de insertar material diseñado para tal fin. Por supuesto, tampoco ha de preparar material auxiliar, porque de todo ello dispone en el *Libro del Profesor* y en el *Cuaderno de Ejercicios*. Este tipo de secuenciación didáctica cerrada, con principio y fin, presenta como gran ventaja la cohesión en el trabajo diario y la sensación real de avance de cada día. Además, facilita que haya una perfecta contextualización de todas las actividades que se ejercitan, pues esto es factible en estructuras didácticas reducidas frente a otras de mayor extensión.

Seguimos de cerca la propuesta del *MRE* que sugiere que las actividades reflejen acciones y tareas de la vida cotidiana. La propuesta metodológica que desarrolla Vuela intenta reflejar las demandas de profesores y alumnos con respecto a lo que consideran un material útil para las clases. Se ha establecido teniendo muy en consideración sus reflexiones, opiniones, preferencias, etc.

El *Cuaderno de Ejercicios* está planteado como material de apoyo o bien para el aula, porque en él se trabajan de nuevo los contenidos más importantes que se han aprendido en cada lección; o bien para ser encomendado como tarea para casa.

El *Cuaderno de Ejercicios* está igualmente dividido en 10 lecciones. Sirve como refuerzo de lo desarrollado en el *Libro del Alumno*. El *Cuaderno de ejercicios* plantea actividades diversas, juegos y pasatiempos con los que practicar el español de manera divertida y atractiva, especialmente el léxico. Al final del *Cuaderno* se incluyen las soluciones de los ejercicios.

Lección 1 ¡Qué cosas pasan!

- Contar historias y describir a los personajes y las circunstancias.
- Relacionar partes de un discurso.

1. Busca otros verbos o expresiones que signifiquen lo mismo.

1. partir: ....
2. tomar un taxi: ....
3. regresar: ....
4. permanecer: ....
5. recorrer: ....

2. Forma frases con estos sustantivos.

1. ruta: ....
2. senda: ....
3. camino: ....
4. trayecto: ....
5. rumbo: ....

3. Forma series como en el ejemplo.

atraco: *atracar*   robo: ....   amenaza: ....

sorpresa: ....   susto: ....   preocupación: ....

equivocación: ....   confusión: ....   incendio: ....

■ A continuación, busca los verbos en la sopa de letras.

A	Q	N	H	Q	B	C	M	P	A	Z	E
E	T	M	J	W	D	V	N	O	S	S	I
Q	F	R	O	B	A	R	B	I	D	Q	N
U	E	V	A	S	U	S	T	A	R	U	C
I	R	C	Ñ	C	H	M	C	I	G	D	E
V	Y	X	P	Y	A	L	V	T	H	C	N
O	C	Z	O	U	K	R	Z	R	J	F	D
C	O	N	F	U	N	D	I	R	S	E	I
A	R	E	D	N	E	R	P	R	O	S	A
R	R	D	T	P	Z	G	W	Q	Ñ	Y	R
S	R	A	Z	A	N	E	M	A	Z	U	S
E	P	R	E	O	C	U	P	A	R	S	E

4 *cuatro*

4. Elige la opción adecuada y completa con la forma de verbo correcta.

   1. La película *(sorprender / sorprenderse)* .... a toda la crítica por su calidad.
   2. Nadie *(sorprender / sorprenderse)* .... de las extrañas reacciones de Pepa.
   3. No *(asustar / asustarse)* .... nunca de nada; lo llamaban *Juan sin miedo*.
   4. La historia que le contaron lo *(asustar / asustarse)* .... tanto que no pudo dormir esa noche.
   5. Nos *(preocupar / preocuparse)* .... que Iván vaya con esa gente tan rara.
   6. Sé que *(preocupar / preocuparse, vosotros)* .... mucho por mí, pero no hace falta, de verdad. Sé cuidarme.
   7. Mis amigos *(equivocar / equivocarse)* .... de teléfono y llamaron al número de mis padres. ¡Vaya susto que se dieron!
   8. Estos chicos *(equivocar / equivocarse)* .... al policía con tantas historias contradictorias que ya no sabía ni qué creer.
   9. Deja de hablarme: me *(confundir / confundirse)* .... y no puedo pensar con claridad.
   10. Aquí no vive Marie. *(confundir / confundirse, vosotros)* .... de casa.
   11. La casa *(incendiar / incendiarse)* .... al anochecer, mientras todos hablaban en el salón.
   12. El ama de llaves, celosa del amor de la pareja, *(incendiar / incendiarse)* .... la casa.

5. Completa este cuadro con los participios irregulares correspondientes.

abrir →	hacer →	romper → ....
componer →	morir →	ver → ....
cubrir →	poner →	volver → ....
decir →	resolver →	freír → ....
descubrir →	escribir →	

6. Combina elementos de las dos columnas y forma frases. Utiliza el pretérito perfecto y el indefinido.

El otro día	viajar a La Antártida
Ayer	ir a la agencia de viajes
Nunca	comprar los billetes de avión
Todavía	ir / venir de vacaciones a España
Esta semana	hacer el Camino de Santiago
Siempre	buscar información en Internet
En 2003	tocar un premio
¿Alguna vez	conocer Barcelona

7. Observa los dibujos y explica lo que le ha sucedido a Mónica en los últimos días.

El sábado, 15 de mayo

....
....

Lunes, 17

....
....

El martes, 18

....
....

Miércoles, 19

....
....

Hoy, jueves, 20 (9.00 h)

....
....

Hoy, jueves 20 (10.00 h)

Te subiré el sueldo; no te daré tanto trabajo…

....
....

Hoy, jueves 20 (11.00 h)

....
....

Sí, tienes razón. Te prometo que te ayudaré más…

Hoy, jueves 20 (12.00 h)

....
....

Hoy, jueves 20 (19.00 h)

....
....

8. Completa cada casilla con la forma verbal de pretérito indefinido.

Andar, nosotros	Estar, ellos	Poder, tú	Poner, yo	Tener, vosotros
....	....	....	....	....
Hacer, ella	Querer, nosotros	Conducir, yo	Decir, vosotros	Traer, usted
....	....	....	....	....
Dormir, ellos	Pedir, tú	Leer, él	Dar, yo	Ser, vosotros
....	....	....	....	....

9. Lee el texto con atención y completa con las expresiones que te damos.

| finalmente | cuando de repente | además | también | así que |
| de pronto | pero de repente | al llegar a | inmediatamente después | |

Estábamos sentados en un prado, en un alto desde donde se divisa el río Miño, a 1 km de distancia aproximadamente, ... vimos en el cielo una esfera que brillaba con el reflejo del sol; llevábamos los prismáticos y pudimos comprobar que era un platillo, volando a una distancia de 1 km sobre la vertical del río. Iba bajando paulatinamente, dando balanceos hacia los lados, hasta llegar a la orilla. ...., se paró sobre la misma orilla, cerca de unos árboles. ...., aceleró y subió. Me llevé un sobresalto cuando hizo esa maniobra, me asusté, ... el platillo se detuvo, como si supiera de mi susto, y empezó a subir ladera arriba, despacio, como cuando descendió. Vi con los prismáticos que era un platillo volante, como esos que se hacen girar con un palo.

.... la cima, siguió volando por encima de unos prados, hasta llegar a otro monte cercano. Siguió subiendo y subiendo hacia la cima, allí se paró y, ..., empezó a ascender lentamente hasta desaparecer.

¿Mi impresión? Un platillo volante. No eran luces, porque era de día, las 13.30 horas; por tanto, vi su forma. ...., parecía que estaba teledirigido, ya que se movía como una nave de los juegos de ordenador, de esas que haces avanzar con un *joystick*. La impresión fue grata a pesar del pequeño susto. .... sentí una buena sensación, pensando que era algo santo, lo que los viejos llaman los ángeles en sus naves; de verdad que sentí algo maravilloso, ... me han quedado ganas de repetir. Era la primera vez en mi vida que lo veía, aunque siempre me han interesado muchísimo. ¡Ojalá pueda verlo otra vez!

Ahora, contesta a las preguntas.

1. ¿Qué hacían en el momento del avistamiento del ovni? ....
2. ¿Qué hizo el ovni al llegar a la orilla? ....
3. ¿Cuándo desapareció? ....
4. ¿Qué sintió el protagonista de la historia? ....
5. ¿Por qué tiene la seguridad de que era un ovni? ....
6. ¿Sabes qué significan las letras de ovni? ....
7. ¿Has tenido alguna vez una experiencia similar? Si no es así, ¿conoces alguna? ....
....

10. Transforma estas frases según el ejemplo. Añade los datos que quieras para explicar la situación y los hechos con detalle. Utiliza todas las formas que has estudiado en el Libro del Alumno.

Ej.: Ver la tele → irse la luz en el barrio

Estaba viendo la tele tan tranquilo en mi habitación cuando de repente se fue la luz en todo el barrio. Me quedé a oscuras muerto de miedo, porque no había nadie en casa.

1. Salir a la calle → llamar por teléfono

....

2. Llegar al trabajo → darse cuenta de que le habían robado la cartera

....

3. Acostarse → oír un ruido en el salón

....

4. Dejar a su novio → salir con otro chico

....

5. Ir paseando → ver a Pedro

....

6. Estar a punto de llamar → llegar mis primos

....

7. Estar estudiando → oír gritos

....

8. Ir hablando → encontrarnos con ellos

....

9. Levantarse de la silla → desmayarse

....

10. Preparar la cena → ver unas sombras

....

11. Lee el siguiente texto.

Antes de comenzar mi historia, les quiero revelar que jamás he sido religioso y en realidad creo que nunca lo seré, pero una experiencia cercana a la muerte me hizo quedar en deuda con la Virgen de las Peñas.

En una ocasión, viajando desde Arica a Santiago en mi coche, el neumático delantero reventó. Yo iba a bastante velocidad, por lo que el coche se salió de su pista. Quedé mirando de frente a un enorme camión que se dirigía directo hacia mí sin poder hacer mucho para evitar una colisión con un final trágico. Sin mayor explicación, mi vehículo se desvió solo, retornando hacia su pista y evitando por solo unos pocos metros al camión. Quedé envuelto en un montón de polvo propio del desierto, sin daños, ni para mí, ni para mi vehículo.

Se podrán imaginar que, de tal experiencia, solo busqué explicaciones lógicas. "Lo más probable es que las ruedas, debido al daño y a la velocidad, se doblaran y quedaran mirando al lado de la pista que me correspondía", pensaba. Pero la verdad es que cuando me encontraba sentado en el interior del coche, aferrado al volante y con un gran susto por lo ocurrido, vi en mi pierna derecha una figurita colgante (de esas que se cuelgan en el interior de los coches) con el rostro de la Virgen de las Peñas. La figura se debió de caer desde el parabrisas, pues en ese lugar estaba desde que compré el coche. A partir de ese momento, y a pesar de mi falta de creencia, quedé con una deuda.

Para saldar lo pactado, contacté con unos conocidos y organizamos el viaje de peregrinación a las Peñas, en el mes de octubre. Las Peñas es un pueblo que está a cuatro horas de camino desde la ciudad. No existe camino, solo la orilla de un río, el cual es muy difícil de sortear debido a la gran cantidad de rocas y arena suelta que hay y que dificulta mucho los pasos. Hay que llevar mucha agua, ya que caminas entre cordillera, sol y viento seco.

Cuando estás llegando, empiezas a escuchar el sonido de las bandas de metales y tambores en homenaje a la Virgen. En ese momento te das cuenta de que todo lo que caminas tiene un premio: danzas, música, diabladas, muchas personas de todo el mundo, excelente gastronomía típica y lo más bello de la naturaleza.

1. Resume muy brevemente el contenido.

....
....
....
....
....

2. Haz una lista con los hechos fundamentales que se cuentan.

....	....
....	....
....	....
....	....
....	....

12. Seguro que tú también tienes alguna anécdota o historia interesante que contar. Escribe un texto explicando lo sucedido. Sigue estos pasos.

> **1.** Anota el hecho del que vas a hablar (es un resumen del contenido).
> **2.** Haz una lista con los hechos fundamentales.
> **3.** Narra los hechos. Para ello, ten muy presente:
> - elementos para organizar el relato: *en primer lugar, a continuación, después, entonces, en ese momento, de repente, de pronto…*
> - elementos para relacionar los hechos: *cuando, al, desde, hasta, tras…*
> - elementos para describir las situaciones: *estaba* + gerundio; *iba* + gerundio.

....
....
....
....
....
....
....
....
....
....
....
....

Lección 2 Raro, raro

- Formular hipótesis y conjeturas en el presente y en el pasado.
- Expresar extrañeza.

1. Estos son personajes habituales de las novelas y cine fantástico y de terror. ¿Sabes cómo se llaman en español?

1. ....   2. ....   3. ....

4. ....   5. ....   6. ....

7. ....   8. ....   9. ....

■ ¿Recuerdas el nombre de alguna novela o película en la que salga alguno de estos personajes?
....

■ Busca en la sopa de letras los nombres de los personajes anteriores.

B	Q	O	J	A	M	S	A	T	N	A	F	X	M
O	R	P	K	N	I	O	I	N	O	M	E	D	Z
I	E	U	L	M	R	D	J	F	G	H	F	O	V
U	R	S	J	O	U	R	T	S	N	O	M	S	D
Y	T	D	O	A	G	T	C	A	Y	B	V	A	S
T	Y	N	T	J	R	J	O	R	I	P	M	A	V
R	E	S	P	I	R	I	T	U	A	A	B	T	U
E	R	T	S	E	R	R	E	T	A	R	T	X	E
H	O	M	B	R	E	L	O	B	O	V	Y	U	O

2. Busca el sustantivo correspondiente a estos verbos y construye una oración con cada uno.

   1. disparar → ....
   2. asesinar → ....
   3. gritar → ....
   4. matar → ....
   5. asustar → ....
   6. huir → ....
   7. escapar → ....
   8. morder → ....

3. Completa esta tabla con el presente de subjuntivo.

	encerrar	temblar	devolver	mentir	perseguir	impedir	aparecer	huir
Yo								
Tú								
Él / Ella / Usted								
Nosotros/as								
Vosotros/as								
Ellos/as / Ustedes								

4. Busca otros ejemplos de verbos irregulares en presente de subjuntivo.

Verbos con irregularidades vocálicas en todas las personas excepto en la 1.ª y en la 2.ª persona del plural:

E > IE	O > UE	U > UE
....	....	....
....	....	....
....	....	....
....	....	....
....	....	....

Verbos con cambios consonánticos en la raíz:

C > ZC	UI > UY	OTROS CAMBIOS
....	....	....
....	....	....
....	....	....
....	....	....
....	....	....

once

unidad 1

5. Transforma estas oraciones al pasado.

1. Hoy hay mucho tráfico. Quizá haya llegado tarde al trabajo.
   ....
2. A lo mejor no encuentra a su madre en el cine. Hay demasiada gente a estas horas.
   ....
3. La casa está a oscuras. Puede que hayan salido todos a pasear.
   ....
4. Es probable que esté asustada por lo de su operación.
   ....
5. Tal vez salga corriendo al oír la noticia del accidente.
   ....
6. Probablemente esté huyendo de fantasmas del pasado que lo persiguen y atormentan.
   ....
7. Dicen que en este castillo se oyen por las noches gritos y lamentos. Puede que lo hayan embrujado.
   ....

6. Lee esta historia y completa con posibles explicaciones.

> Lola es una mujer normal y corriente. Está casada y tiene dos hijos. Trabaja en una empresa como auxiliar de contabilidad, aunque estudió Biología y se especializó en especies marinas en extinción. Soñaba con hacer largos viajes y expediciones, con salvar ballenas amenazadas, con hablar con los delfines... Pero su vida cambió el día en que conoció a Pedro, su marido, de quien se enamoró nada más verlo. Ella siempre dice que fue un verdadero flechazo, aunque también reconoce que se enamora con facilidad, con demasiada facilidad –es una mujer tierna y romántica–. Y lo dejó todo por él.
>
> En la empresa en la que trabaja tiene buenos amigos y compañeros. Hace poco ha empezado a trabajar en su empresa un nuevo Jefe de Contabilidad. Parece ser que Lola y él han entablado una buena amistad, al menos, eso es lo que parece. Se llama Javier y a casi todos les parece algo extraño: su profunda mirada, su palidez y ojeras extremas, esa sonrisa tan nostálgica, su voz profunda.
>
> Lola lleva una dura vida, como la de todas las madres trabajadoras: se levanta a las 6 de la mañana para preparar la comida y recoger un poco la casa; levanta a los niños, los viste, les da el desayuno y los lleva al colegio. Después, se va a la oficina. Sale a las 13.30, recoge a los niños, come con ellos, los lleva de nuevo al colegio o a sus actividades extraescolares y vuelve a la oficina, donde está hasta las 19.00. Al volver a casa la esperan los baños, las cenas, los deberes, etc. Pero Lola no se queja. Su marido dice que le gusta hacerlo, aunque sea agotador, porque, según él, Lola es muy fuerte y quiere ser autosuficiente.
>
> Esta mañana Lola no ha llegado a la oficina. No ha llamado para avisar de que no iba. En su casa no está y su marido tampoco sabe nada (ya han hablado con él, porque alguien tenía que recoger a los niños). Quieren llamar a la policía, pero Javier dice que no es necesario (por cierto, hoy ha llegado dos horas tarde, y él es tremendamente puntual). Ya son las 19.00 horas y no saben nada de ella. ¿Qué le habrá pasado a Lola? ¿Dónde estará?

1. A lo mejor, durante la noche, ...
2. Estaba ya un poco harta; es posible que ....
3. Sus hijos son un poco traviesos. Quizás ....
4. El viernes estuvo en una empresa. Puede que ....

5. En su agenda dice que tenía una cita a primera hora en el hospital. Lo mismo ....
6. Su coche le estaba dando problemas. Es probable que ....
7. Últimamente tenía problemas con su marido. Tal vez ....
8. La semana pasada la oyeron discutir violentamente con Javier, el Jefe de Contabilidad. Seguramente ....
   ....
9. Parece ser que le gustaba apostar. Es probable que ....
10. O sencillamente ....

7. Transforma estas oraciones de probabilidad en otras con futuros o condicionales.

1. Han declarado la casa en ruinas. A lo mejor la familia Duarte no ha podido arreglarla para salvarla de la demolición.
   ....

2. ¡Qué raro! No ha venido nadie a la reunión. Tal vez han tenido problemas con la policía.
   ....

3. No consiguieron la licencia de apertura. Es posible que el local no reuniera todas las condiciones necesarias.
   ....

4. Cuando llegué al restaurante, Eva ya no estaba. A lo mejor se había ido sola al cine.
   ....

5. El mayordomo dejó su empleo en la mansión y se dedicó a la adivinación y a la magia. Puede que cobrara poco dinero; o tal vez estuviera agobiado con los numerosos problemas de la familia.
   ....

6. En la productora cinematográfica han rechazo el guión de los zombis asesinos. Es posible que no lo vieran nada original.
   ....

7. Marta no contesta a mis llamadas. Quizás tenga problemas con su móvil, o tal vez esté en apuros.
   ....

8. Aquella mañana Inés estaba nerviosa e inquieta. Es posible que la noche anterior hubiera recibido alguna visita inesperada y malévola.
   ....

9. La policía está interrogando a Norman. Tal vez hayan encontrado pruebas contra él.
   ....

10. Han declarado culpable de los asesinatos a Norman. Puede que estuviera loco y sufriera problemas de identidad.
    ....

8. Formula posibles explicaciones a estas situaciones.

1. María está en casa. Recibe una llamada de teléfono. Cuelga el teléfono y comienza a llorar desconsoladamente.

   ....
   ....
   ....

2. Enrique está frente al televisor. Está solo en casa. De repente, empieza a gritar de alegría y a subir los brazos.

   ....
   ....
   ....

3. Sonia está encerrada en su habitación. Está muy nerviosa y asustada. Está llamando a la policía.

   ....
   ....
   ....

4. Guillermo y Sonia son dos niños de 12 años. Han ido al colegio pero no han entrado. Están en el patio, sentados en un banco.

   ....
   ....
   ....

5. Son las 2 de la madrugada. Las calles están vacías. Llueve intensamente. José corre por la avenida principal de la ciudad. De vez en cuando, mira hacia atrás con gran preocupación.

   ....
   ....
   ....

9. En este texto han desaparecido 29 tildes: 3 en palabras monosílabas, 9 en agudas, 8 en llanas y 9 en esdrújulas. Vuelve a ponerlas. Te damos otra pista: de las 29 tildes, 8 van sobre hiatos.

El Día de los Muertos

Dos de las celebraciones mas importantes de México se realizan en el mes de noviembre. Segun el calendario catolico, el dia 1 está dedicado a Todos los Santos y el dia 2, a los Fieles Difuntos. En estas dos fechas se llevan a cabo los rituales para rendir culto a los antepasados. Es el tiempo en que las almas de los parientes fallecidos regresan a casa para convivir con los familiares vivos y para nutrirse de la esencia del alimento que se les ofrece en los altares domesticos.

La celebración del Dia de Muertos, como se la conoce popularmente, se practica en toda la Republica Mexicana. En ella participan tanto las comunidades indigenas como los grupos mestizos, urbanos y campesinos.

Estas fiestas son una amalgama de las culturas mesoamericanas –fundamentalmente la mexicana– y del mundo hispanico. El caracter ludico que presentan deriva de la cosmovision azteca. Se halla en la concepcion que tenian de la muerte, que es vista como un despertar, como un renacimiento a otro mundo –el mundo de los muertos–. No es el fin, sino el futuro.

La ofrenda que se presenta constituye un homenaje a un visitante distinguido, pues el pueblo cree sinceramente que el difunto a quien se dedica habra de venir de ultratumba a disfrutarla.

Los cementerios se iluminan con las velas que llevan los visitantes y sus ofrendas se colocan sobre la tumba del difunto. Todos se colocan alrededor y le cuentan lo ocurrido desde que el no está; comida y musica suelen acompañar a esta celebracion.

También en las casas está presente la celebracion. Se escoge un lugar de la casa despejado y se instala un altar, se cubre con un mantel blanco sobre el que se deshojan cempachúsiles (un tipo de flor semejante por su aspecto a las margaritas y que es muy abundante en este pais); se pone la fotografia de los difuntos, se cubren los espejos, se añaden imagenes religiosas y decoraciones de papel calado, platos con diversos alimentos y cirios y lamparas de aceite que arderan toda la noche. En un incensario de barro, se quema incienso, mirra y estoraque con el fin de limpiarles el ambiente y el camino a los fieles difuntos.

Muchos son los platos y dulces tipicos de este dia, pero quizás son las calaveras de azucar las que mas popularidad han alcanzado fuera del pais.

■ En la mayor parte de las culturas existe algún tipo de celebración u homenaje en honor a los difuntos. ¿Puedes explicar en qué consiste en tu país?

- ¿Cuándo se celebra? ....
....
- ¿Qué se celebra? ¿Cuál es su significado? ....
....
- ¿Qué se hace ese día o días? ¿Cómo se celebra? ....
....
- ¿Hay alguna comida típica de ese día? ....
....

10. Con ayuda del diccionario, busca 12 palabras con diptongos, 7 con hiatos y 3 con triptongos. Todas ellas tienen que llevar tilde.

DITONGOS	HIATOS	TRIPTONGOS

Lección 3: Bien por dentro, bien por fuera

unidad 2

- Expresar estados físicos y de ánimo.
- Dar consejos y sugerencias.
- Animar a alguien.
- Hacer propuestas.

1. Clasifica las partes del cuerpo.

Barbilla	Cervicales	Dientes	Lengua	Nuca	Pecho	Tobillos
Boca	Cintura	Espalda	Lumbares	Ojos	Pelo	Tripa
Caderas	Codos	Garganta	Manos	Ombligo	Pestañas	Uñas
Cara	Dedos	Hombros	Mejillas	Orejas	Pies	
Cejas	Dedos	Labios	Nariz	Pantorrillas	Rodillas	

Cabeza	Brazos	Piernas	Cuello	Tronco

2. Recuerda cómo se llaman las partes internas del cuerpo.

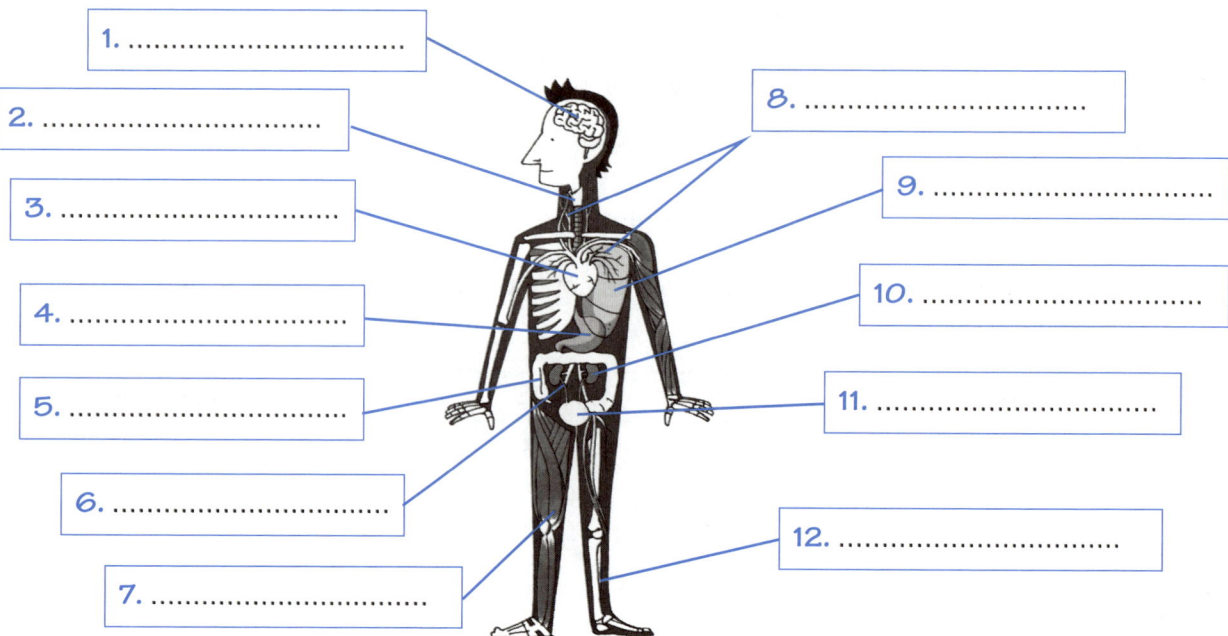

1. ....
2. ....
3. ....
4. ....
5. ....
6. ....
7. ....
8. ....
9. ....
10. ....
11. ....
12. ....

3. Descubre en esta sopa de letras el nombre de siete acciones beneficiosas de las que puedes disfrutar en un balneario.

L	E	D	E	R	A	J	A	L	E	R
I	R	F	G	B	N	A	K	H	F	A
M	T	G	V	N	B	Z	J	Y	G	R
P	Y	R	A	T	A	R	D	I	H	B
I	U	A	Y	R	C	X	G	I	Y	I
A	I	C	U	H	A	D	F	D	T	L
R	O	I	D	G	Z	V	V	F	U	I
E	P	F	S	F	A	F	I	E	J	U
S	B	I	E	D	S	F	D	T	I	Q
Y	N	N	R	S	D	R	S	A	C	E
U	M	O	T	S	F	E	X	X	O	A
E	S	T	I	M	U	L	A	R	T	W

4. Lee el siguiente texto y responde a las preguntas.

MENS SANA IN CORPORE SANO

Probablemente alguna vez ha escuchado esa frase en latín que en castellano significa 'mente sana en cuerpo sano'. Evidentemente esto es así. Si la mente no se encuentra del todo bien se refleja en el cuerpo, y también sucede que cuando un cuerpo se encuentra sano, cuidado, estimulado y saludable, la mente también consigue mayor armonía.

Después de realizar una sesión de entrenamiento físico y deportivo se suele sentir un bienestar general e inexplicable. ¿Por qué si trabajamos el cuerpo nuestra mente se siente tan bien? Quizá porque sabemos que hemos hecho algo bueno por nosotros y también porque, al trabajar los músculos, se liberan diferentes sustancias que producen una sensación de bienestar. Ha sido demostrado científicamente que el ejercicio origina la circulación por nuestro cuerpo de unas sustancias similares a la morfina llamadas endorfinas que provocan la disminución en la sensibilidad hacia el dolor.

Por esta razón, muchas veces los deportistas, después de entrenar, experimentan estados de euforia o alegría. Cuando uno se encuentra estresado o deprimido, realizar actividad física ayuda a alcanzar una sensación de calma y relajación.

No solo entrenamos los músculos, también trabajamos la cabeza y el alma. Según investigaciones realizadas, se ha comprobado que existe correlación entre la práctica de deportes y el carácter. Cuando se realizan ejercicios de resistencia se producen los mayores cambios de estado de ánimo.

Gracias a estos estudios se puede aplicar la práctica deportiva en la lucha contra ciertos problemas de salud mental.

Científicos de la Harvard Medical School, en Cambridge, Massachussets, descubrieron que realizando un programa de entrenamiento de diez semanas de duración se ejercía una influencia positiva muy alta en aquellos pacientes que sufrían depresión o problemas emocionales. Se demostró que la práctica de ejercicios generaba cambios positivos en el carácter, al mismo tiempo que aumentaba la autoestima del individuo y se disminuía la ansiedad.

(Texto adaptado de: http://shoppingba.infobae.com/infofitness/home/nota_detalle.php?idxnota=372&idxrubro=26)

1. ¿Qué significa mens sana in corpore sano? ....
2. ¿Qué sustancias segrega el cuerpo al hacer deporte? ....
3. ¿Cuál es su efecto? ....
4. ¿Qué beneficios psicológicos aporta la práctica de ejercicio físico? ....
....
5. ¿Qué personas pueden beneficiarse más de estas ventajas del deporte? ....

5. Escribe los antónimos de estos adjetivos.

estresado: .... apático: ....
deprimido: .... crispado: ....
desilusionado: .... agobiado: ....
desanimado: .... agotado: ....

6. A continuación, escribe el sustantivo correspondiente.

estresado: .... apático: ....
deprimido: .... crispado: ....
desilusionado: .... agobiado: ....
desanimado: .... agotado: ....

7. Completa con la forma verbal adecuada.

1. Yo que tú *(ir)* .... al médico.
2. Lo mejor es que *(acostarse)* .... y que *(levantarse)* .... mañana temprano.
3. ¿Por qué no *(tomarse)* .... una tila?
4. Te recomiendo que *(probar)* .... las flores de Bach.
5. ¿Y qué tal si *(ir)* .... a correr un rato?
6. Te aconsejo que *(descansar)* .... este invierno.
7. Yo que tú *(pedir)* .... cita al masajista.
8. Te recomiendo que *(desconectar)* .... del trabajo.
9. Lo mejor es que *(ponerse)* .... calor en esa zona.
10. ¿Por qué no *(cambiar)* .... de colchón?

8. Escribe consejos con estas palabras.

1. Beber / agua / estar resfriado: ....
2. No llevar / ropa estrecha / hacer deporte: ....
3. Vacunarse / gripe / empezar el frío: ....
4. Abrigarse / cabeza / manos / invierno: ....
5. Ir / fin de semana / balneario: ....

9. Escribe consejos para las siguientes situaciones.

   1. Viajar en avión ....
   ....

   2. Casarse ....
   ....

   3. Buscar piso ....
   ....

10. Realiza el siguiente test para saber si te estresas con facilidad.

	SÍ	NO
1. ¿Dejas para el último momento las tareas que te resultan difíciles?		
2. ¿Realizas varias tareas al mismo tiempo, sin planificarlas?		
3. ¿Trabajas sin un horario fijo?		
4. ¿Te da miedo la responsabilidad?		
5. ¿Hablas de trabajo con tu familia y amigos frecuentemente?		
6. ¿Continúas pensando en el trabajo durante tu tiempo libre?		
7. ¿Trabajas todos los días de la semana?		
8. ¿Te angustia la idea de hacer algo mal en el trabajo?		
9. ¿Te propones la realización de tareas excesivas en un plazo corto de tiempo?		
10. ¿Sueñas con el trabajo?		

Resultados:

Mayoría de respuestas SÍ: Te estresas con mucha facilidad. Lo mejor es que te relajes y organices bien tu tiempo y tu trabajo. Realiza planificaciones realistas y no aceptes compromisos que no puedas cumplir. Valora tu vida personal y no renuncies a tus aficiones. Saca tiempo para hacer algo de deporte y trata de no hablar tanto de trabajo en tu casa.

Mayoría de respuestas NO: Sabes separar tu vida personal de la profesional. Valoras tu salud psicológica y te das cuenta de que el estrés es contraproducente. Planificas bien tu tiempo y tu trabajo y concedes a tu ocio el lugar que merece. Controlas tu vida y logras realizar bien tu trabajo sin la influencia negativa de la ansiedad.

Lección 4 Saber comer

- Describir productos, sus cualidades y propiedades.
- Relacionar acciones cronológicamente.
- Relacionar informaciones expresando consecuencia.

1. ¿Qué puede mejorar la estética de nuestro cuerpo? Escribe remedios para las partes del cuerpo señaladas.

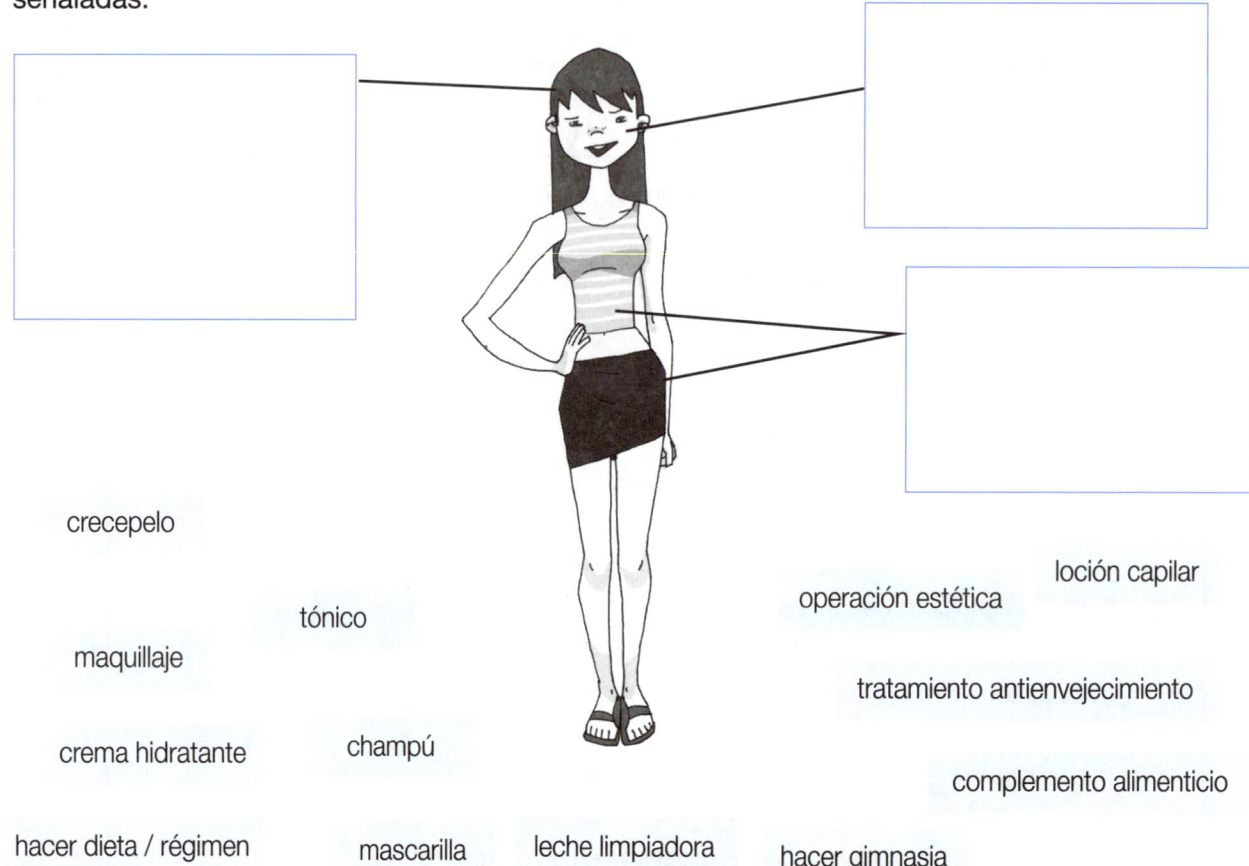

crecepelo
tónico
maquillaje
crema hidratante
champú
hacer dieta / régimen
mascarilla
leche limpiadora
operación estética
loción capilar
tratamiento antienvejecimiento
complemento alimenticio
hacer gimnasia

2. Escribe causas para estas consecuencias.

1. ...., por tanto llevaré paraguas.
2. ...., por eso compré un piso en Alcalá.
3. ...., por lo tanto los gatos son mejores que los perros.
4. ...., por lo que decidí marcharme de aquel bar.
5. ...., por lo tanto no voy a madrugar mañana.
6. ...., por eso tengo que ir a la comisaría.
7. ...., por lo que nunca me ha preocupado el frío.
8. ...., por lo tanto no hay motivos para pensar que él es el ladrón.

3. Escribe consecuencias para estas causas.

1. Hoy no ha venido el profesor ....
2. Las fresas están muy caras ....
3. La leche es muy buena para los huesos ....
4. Me duele el estómago ....
5. He aprobado el examen de conducir ....
6. Gano poco dinero al mes ....
7. Hace seis meses que no llueve ....
8. Tengo demasiado colesterol en la sangre ....

4. Escribe los nombres de los alimentos en la tabla.

Alimentos ricos en vitaminas	Alimentos ricos en calcio	Alimentos ricos en proteínas	Alimentos ricos en carbohidratos	Alimentos ricos en grasas
La naranja				

5. Contesta a las preguntas.

1. ¿Qué alimentos son malos para el corazón?
....

2. ¿Qué alimentos son malos para la piel?
....

3. ¿Qué alimentos son buenos para los huesos?
....

4. ¿Qué alimentos son buenos para la vista?
....

5. ¿Qué alimentos son buenos para tener energía?
....

6. ¿Qué alimentos son buenos para adelgazar?
....

6. Elabora una dieta saludable para cada día de la semana.

	DESAYUNO	COMIDA	CENA
Lunes			
Martes			
Miércoles			
Jueves			
Viernes			
Sábado			
Domingo			

7. Ordena las letras y descubre acciones relacionadas con cocinar.

1. CCREO ....
2. RALEP ....
3. HRCAE ....
4. VHIERR ....
5. TARCOR ....
6. ZANOSAR ....
7. ARAS ....
8. RADRO ....
9. MELOR ....
10. PRACI ....
11. LCAOR ....
12. GGRRAAE ....

8. Escribe qué elementos se necesitan para realizar las siguientes acciones.

   1. Pelar ....
   2. Hervir ....
   3. Cortar ....
   4. Colar ....
   5. Asar ....
   6. Dorar ....
   7. Picar ....
   8. Moler ....
   9. Sazonar ....

9. Completa con conectores temporales.

   1. Llamé a mi hermana .... supe la noticia.
   2. .... vivas en mi casa comerás lo que yo te diga.
   3. .... llegues a Barcelona mándame un mensaje.
   4. Los gallos cantan .... sale el sol.
   5. ¡Corre! Ve al supermercado .... cierre.
   6. .... me levanto pongo la radio para conocer las noticias.
   7. .... estés cansado debes tomar algo con azúcar.
   8. Yo me acuesto .... cenar.
   9. No es bueno hacer deporte .... comer.
   10. Bebía mucha agua .... estaba estudiando.

10. Completa con el verbo en la forma adecuada.

    1. Tapa la cazuela tan pronto como (hervir) .... el agua.
    2. Las patatas se ponen doradas cuando se (freír) ....
    3. Mientras mi madre (hacer) .... la cena, yo ponía la mesa.
    4. Hay que limpiar la cocina antes de que (llegar) .... los invitados.
    5. Nada más (comer) .... el primer plato, empecé a sentirme mal.
    6. La sal se echa en cuanto (empezar) .... a hervir el agua.
    7. Cuando (vivir) .... solo nunca cocinaba para mí.
    8. Llámame en cuanto (estar) .... lista la cena.
    9. Haremos la pasta después de que se (cocer) .... los huevos.
    10. La mantequilla se deshace tan pronto como se (echar) .... en la sartén.

11. Escribe frases con los siguientes conectores temporales.

    tan pronto como   mientras   cuando   nada más

    en cuanto   antes de (que)   después de (que)

    ....
    ....
    ....

unidad 3

Lección 5 ¡Vámonos de viaje!

- Solicitar un servicio.
- Pedir información.
- Expresar peticiones y deseos.
- Dar consejos y recomendaciones.
- Iniciar, concluir y mantener activa una conversación.
- Mostrar que se está siguiendo una conversación.

1. Subraya la opción correcta para que el agente de policía, a quien has preguntado, te indique perfectamente los lugares a los que quieres ir

> Madrid, Puerta del Sol, 11.00 a.m.
>
> **Tú:** Hola / Buenos días / ¿Qué pasa, madero?
>
> **Agente de policía:** ¿Pasa, tronco? / Buenos días.
>
> **Tú:** ¿Puedes / Podría ayudarme?
>
> **Agente de policía:** Claro que sí.
>
> **Tú:** Me gusta / gustaría / gustó saber cómo llegar al Parque del Retiro.
>
> **Agente de policía:** Está muy cerca de aquí. Aproximadamente a unos 20-25 minutos.
>
> **Tú:** ¿Sabría / Sabes decirme si hay algún autobús que me pueda llevar hasta allí?
>
> **Agente de policía:** Sí, por supuesto. Si no recuerdo mal, el n.º 52, que sale de aquí mismo, tiene una parada en el Retiro.
>
> **Tú:** Muchas gracias. Ciao, madero / Adiós / Hasta luego.
>
> **Agente de policía:** A su servicio. Adiós.

2. Un amigo tuyo quiere visitar Madrid. Lee las siguientes indicaciones que le hemos propuesto. Tacha aquellas que te parezcan poco recomendables.

- Visita todos los museos que puedas.
- Ve de tapas por el Madrid de los Austrias.
- Lleva todos tus objetos de valor a la vista de todo el mundo.
- Utiliza los medios de transporte y deja tu mochila lejos de ti.
- Viaja sin plano de la ciudad.
- Sal por los bares de moda hasta altas horas de la madrugada.

3. Tu amigo se va este fin de semana a un festival de música. Márcale lo que tiene que llevarse.

Llévate una tienda y un saco de dormir. ☐
Lleva la cámara de fotos. ☐
No compres las entradas, allí puedes conseguirlas. ☐
Ve solo. En los festivales siempre se conoce a mucha gente. ☐
Prepara ropa cómoda y también de abrigo. ☐
No te olvides de los apuntes de clase. ☐
Deja el móvil en casa. Puedes perderlo. ☐
Guarda el programa de los conciertos para asistir a aquellos que más te gusten. ☐

▌Luego, aconséjale o sugiérele algunas ideas.

1. ....
2. ....
3. ....
4. ....
5. ....

4. Imagina que estás alojado en un hotel de dos estrellas. Tacha aquellos servicios que no puede ofrecerte dicho hotel y anota otros que sí puede darte.

- Jacuzzi
- Aire acondicionado
- Mini-bar
- Baño en la habitación
- Ducha hidromasaje
- Internet en la habitación

▌Otros servicios que te pueda ofrecer el hotel:

unidad 3

5. Completa las siguientes oraciones.

1. Aunque *(ser)* .... más alta, no *(trabajar)* .... de modelo.
2. Aunque *(tener)* .... que estudiar mucho, no *(dejar)* .... de dormir.
3. Aunque *(viajar)* .... toda la noche, mañana *(estar)* .... en tu boda.
4. Aunque *(vivir)* .... mil años, nunca *(llegar)* .... a saber lo que tú sabes.
5. Aunque no *(acertar)* .... la quiniela, todas las semanas *(seguir)* .... haciéndola.

6. Termina las siguientes frases.

1. Aunque hable mejor español, ...
2. Aunque conozca cada día a más gente, ...
3. Aunque salgamos de fiesta, ...
4. Aunque no sepas bailar, ...
5. Aunque tengas coche, ...

7. Te proponemos hacer una ruta gastronómica por algunos lugares de España. Une cada plato típico con la zona que le corresponda. Si necesitas ayuda, pregunta a tu profesor.

pan con tomate ....

gazpacho ....

paella ....

empanada ....

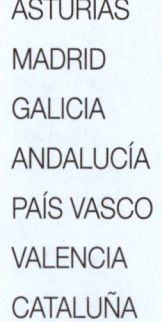

ASTURIAS
MADRID
GALICIA
ANDALUCÍA
PAÍS VASCO
VALENCIA
CATALUÑA

cocido ....

fabada ....

marmitako de bonito ....

8. Escribe eslóganes para los productos que te mostramos a continuación. No olvides utilizar el Imperativo.

Ej.: *(Sonreír) Sonríele a la vida.*

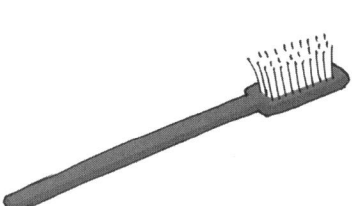

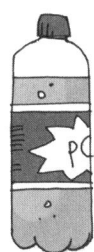

....

....

9. Termina el siguiente anuncio publicitario para una campaña contra la droga entre los jóvenes.

1. Eslogan: ¿De qué van las drogas? ¿De qué van los jóvenes?

2. Cuerpo de texto: Cada vez hay más jóvenes que *(meterse)* ....
....

3. Cierre de texto: Antes de que *(ser)* .... demasiado tarde, *(decir)* .... NO A LAS DROGAS.

veintisiete **27**

Lección 6 ¡Haz deporte que es muy sano o por lo menos camina!

unidad 3

- Expresar sentimientos y opiniones.
- Valorar cosas y actividades.
- Argumentar en contra de algo.
- Expresar juicios y valoraciones.
- Expresar acuerdo y desacuerdo parcial y total.
- Mostrarse a favor o en contra de una idea.
- Justificar y argumentar una opinión.
- Expresar certeza.

1. Completa el siguiente crucigrama con los nombres de siete deportes de riesgo.

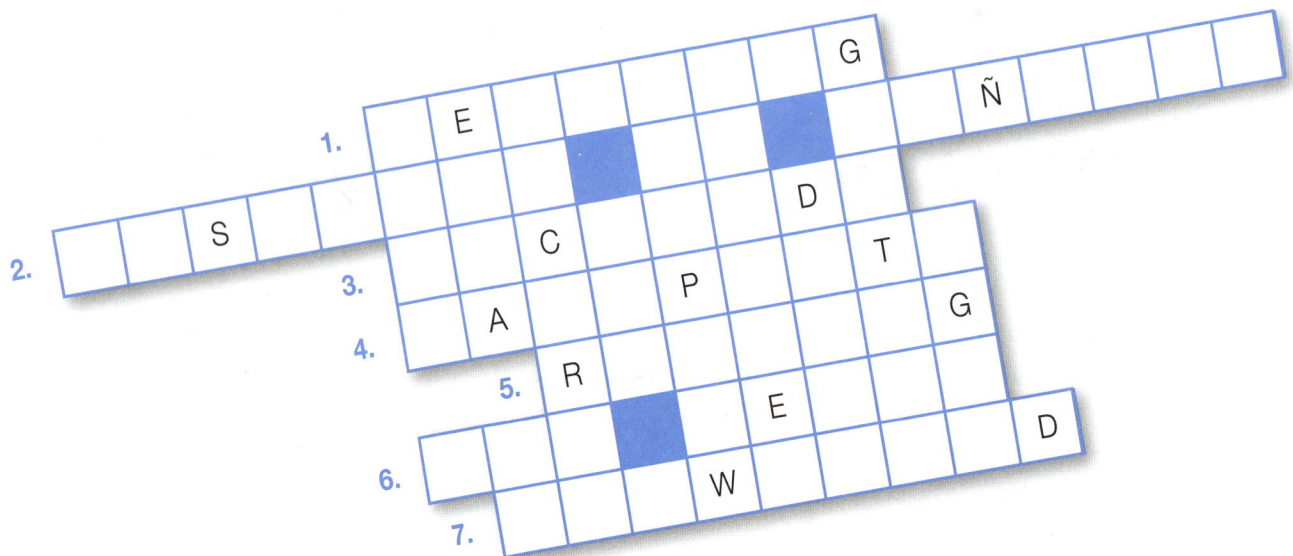

2. Coloca los deportes de riesgo del ejercicio anterior, en su categoría correspondiente.

ACUÁTICOS	TERRESTRES	AÉREOS
1.	1.	1. ....
	2.	2. ....
	3.	3. ....

28 veintiocho

3. Señala verdadero (V) o falso (F) según creas más conveniente.

   1. Para practicar rafting no es necesario saber nadar. ☐
   2. No es necesario ponerse casco para montarse en un ala delta. ☐
   3. Si quieres hacer escalada, es preciso estar en forma. ☐
   4. Si practicas submarinismo, tienes que llevar gafas, aletas, etc. ☐
   5. Aunque tengas vértigo, puedes hacer puenting. ☐
   6. El snowboard es un deporte que se realiza sobre una tabla. ☐
   7. Cuando desciendes cañones, no necesitas estar atado por unas cuerdas. ☐
   8. El parapente es un deporte acuático. ☐
   9. Es importante no padecer ninguna enfermedad del corazón para practicar estos deportes. ☐
   10. Es necesario la presencia de un monitor para la práctica de cualquiera de estos deportes. ☐

4. Completa el siguiente diálogo entre un monitor de submarinismo, Lucas, y su alumno, Javier, utilizando la expresión de valoración más adecuada.

ser, estar, parecer + expresión de valoración

(necesario, malo, mejor, importante, aconsejable, útil, natural…)

Lucas: Buenos días, Javier.

Javier: Buenos días.

Lucas: ¿Has dormido bien?

Javier: Sí, muy bien. Sé que es ………………… dormir ocho horas para estar descansado y así lo he hecho.

Lucas: Perfecto, ¿estás preparado?

Javier: Bueno. Estoy un poco nervioso.

Lucas: Es ……………., siendo la primera vez que vas a practicar este deporte. Veo que te has puesto un traje de neopreno.

Javier: Sí. Sé que es ……………… ponérselo porque las aguas del mar están a bajas temperaturas.

Lucas: No olvides que también es …………………. ponerse gafas, aletas y bombona de oxígeno.

Javier: Sí, lo sé. Además, es …………… llevar pesas en la cadera para poder sumergirme con mayor rapidez.

Lucas: Chico, sabes un montón. Entonces, vamos al agua. Es………….. que nos tiremos de cabeza, es ………….. hacerlo de espaldas ya que la bombona de oxígeno está llena y pesa bastante.

Lucas: ¿Preparado? Una, dos y tres… Plaf…

5. Subraya la opción correcta, una vez que hayas leído y completado el diálogo del ejercicio anterior.

   1. Para practicar submarinismo no es necesario / es necesario ponerse un traje de neopreno.
   2. Es malo / es aconsejable el uso de gafas para sumergirse en el agua.
   3. Es importante / no es importante llevar bombona de oxígeno.
   4. Es útil / no es útil la utilización de pesas en la cadera.
   5. Es natural / es malo tirarse de cabeza cuando vayamos a practicar submarinismo.

6. Un amigo tuyo quiere practicar la escalada. Tacha las expresiones de juicios y valoraciones que te parezcan erróneas.

1. No es necesario la utilización de cuerdas.	4. No es útil llevar casco.
2. Es aconsejable estar en buena forma.	5. Es importante ir acompañado de alguien que conozca el terreno.
3. Es natural tener vértigo cuando practicas este deporte	6. Es mejor practicar este deporte en solitario.

7. Fíjate en los siguientes dibujos. Expresa tus propios juicios y valoraciones, terminando las siguientes oraciones.

   SNOWBOARD
   1. Para practicar ....
   ....
   ....

   PUENTING
   2. Cuando queramos hacer ....
   ....
   ....

   RAFTING
   3. A la hora de hacer ....
   ....
   ....

8. Contesta a las siguientes preguntas, expresando tu opinión. No olvides utilizar estas expresiones.

   > Creo que es / parece que es / pienso que es / digo que es…
   > No creo que sea / no parece que sea / no pienso que sea / no digo que sea…

   1. ¿Crees que el puenting es un deporte muy arriesgado?
   ....

   2. ¿Piensas que hay una edad para la práctica de estos deportes?
   ....

3. ¿Te parece que hacer escalada es un deporte muy duro?

....

4. ¿Crees que el rafting se puede practicar en solitario?

....

9. Lee atentamente el siguiente texto. A continuación, escribe tu opinión.

Esta juventud de ahora está un poco loca. Piensan que cuando uno es joven tiene la vida asegurada y se permiten saltar de los puentes, atados con cuerdas. Yo no digo que esto debiera estar prohibido por las autoridades, pero creo que alguna sanción tendrían que ponerles, ya que parece que no tienen ningún respeto a los monumentos históricos.

Alberto Sánchez

TU OPINIÓN

....
....
....
....
....

10. Fíjate en el siguiente anuncio. Escribe uno similar, anunciando el deporte de riesgo que más te guste.

SE BUSCAN

Personas que crean que el windsurf es uno de los deportes de riesgo más divertidos del momento.

Que piensen que al mismo tiempo que se están divirtiendo, están practicando un deporte.

Por último, que este deporte no les parezca un simple flotar sobre el agua.

Si eres uno de los nuestros, hazte socio de nuestro club, a través de nuestra página web: www.amanteswindsurf.com

Te esperamos.

Lección 7 ¿Le importaría que fuera a su oficina?

unidad 4

- Realizar peticiones.
- Pedir y solicitar ayuda.
- Pedir y solicitar permiso. Conceder y denegar permiso.

1. Completa con el pretérito imperfecto de subjuntivo de estos verbos regulares.

Yo
Comprar: ....
Vender: ....
Abrir: ....

Tú
Comprar: ....
Vender: ....
Abrir: ....

Él / Ella / Vd.
Comprar: ....
Vender: ....
Abrir: ....

Nosotros/as
Comprar: ....
Vender: ....
Abrir: ....

Vosotros/as
Comprar: ....
Vender: ....
Abrir: ....

Ellos/as / Vds.
Comprar: ....
Vender: ....
Abrir: ....

2. Escribe las formas verbales del pretérito imperfecto de subjuntivo de los siguientes verbos irregulares.

Dar *(tú)*: ....
Estar *(nosotros)*: ....
Poner *(yo)*: ....
Saber *(él)*: ....
Tener *(vosotros)*: ....
Decir *(ellos)*: ....
Ver *(usted)*: ....
Hacer *(ella)*: ....
Reír *(ustedes)*: ....
Conducir *(nosotros)*: ....
Poder *(yo)*: ....

Querer *(usted)*: ....
Ser *(tú)*: ....
Venir *(vosotros)*: ....
Traer *(ustedes)*: ....
Oír *(nosotros)*: ....
Leer *(yo)*: ....
Andar *(tú)*: ....
Huir *(ellos)*: ....
Dormir *(ustedes)*: ....
Morir *(vosotros)*: ....

treinta y dos

3. Completa con presente o con pretérito imperfecto de subjuntivo.

   1. Me gusta que *(poner)* .... música.
   2. Preferiría que no *(cerrar)* .... la puerta.
   3. ¿Te importaría que hoy *(salir)* .... más pronto?
   4. Me gustaría que *(venir, tú)* .... a mi fiesta.
   5. Prefiero que me *(dar, tú)* .... mañana el informe.
   6. ¿Te molestaría si *(abrir)* .... la ventana?
   7. ¿Le importa que *(salir)* .... un momento?
   8. ¿Te molesta que *(poner)* .... el aire acondicionado?
   9. ¿Me dejas que *(utilizar)* .... tu ordenador?
   10. ¿Le importaría que la cita *(ser)* .... a las cinco?

4. Escribe los infinitivos de las siguientes formas del pretérito imperfecto de subjuntivo.

   1. Invirtieran: ....
   2. Construyese: ....
   3. Expandierais: ....
   4. Pusiese: ....
   5. Hicieran: ....
   6. Incrementásemos: ....
   7. Asesoraras: ....
   8. Consultasen: ....
   9. Sonrieran: ....
   10. Negociaseis: ....
   11. Rentabilizáramos: ....
   12. Anduviera: ....
   13. Quisieseis: ....
   14. Supieras: ....
   15. Condujéramos: ....
   16. Fueseis: ....
   17. Viéramos: ....
   18. Dijera: ....
   19. Huyésemos: ....
   20. Oyerais: ....

5. Cambia las siguientes peticiones al registro formal o viceversa.

   1. Pásame la sal, anda. ....
   2. ¿Le molestaría si pusiera la radio? ....
   3. ¿Serías tan amable de guardar silencio? ....
   4. Puedo usar tu bolígrafo, ¿no? ....
   5. ¿Te importaría bajar a por folios? ....
   6. ¿Sacas tú al perro? ....
   7. ¿Podrías terminar el informe para esta tarde? ....
   8. ¿Me ayudas a limpiar los cristales? ....

6. Ahora escribe una respuesta para cada una de las peticiones anteriores.

1. ....
2. ....
3. ....
4. ....
5. ....
6. ....
7. ....
8. ....

7. Escribe peticiones corteses para los siguientes casos.

8. Ordena las letras y descubre términos del mundo de los negocios.

   1. DAMENDA: ....
   2. LAAICPT: ....
   3. CIOSFINEBE: ....
   4. SCOOI: ....
   5. POMCECENTIA: ....
   6. OEFRAT: ....
   7. ECNALAB: ....
   8. NIREVRIT: ....

9. Escribe una frase con cada una de las palabras anteriores.

   1. ....
   2. ....
   3. ....
   4. ....
   5. ....
   6. ....
   7. ....
   8. ....

10. Clasifica los siguientes términos del mundo de los negocios.

    inversor   precios   informe   ofertar   emprendedor   exportar   intereses   socio   capital   balance
    escrituras   invertir   ingresos   gastos   empresario   importar   impuestos

PERSONAS	ACCIONES	DINERO	DOCUMENTOS

11. Describe la actividad de esta empresa según la información que se da.

GLUCO S.A.

- Es una empresa española con veinte años de antigüedad que se dedica a la producción y venta de caramelos.
- Los caramelos Gluco tuvieron mucho éxito desde el principio.
- GLUCO S.A. empezó como un negocio familiar y ahora cuenta con 600 trabajadores.
- Compra materia prima a Francia y a Alemania.
- Vende caramelos a casi todos los países de Europa.
- El año pasado gastó 3.000.000 de euros y ganó 8.000.000.
- Este año ha gastado 4.000.000 de euros y ha ganado 10.000.000.
- El próximo año va a abrir una fábrica nueva en Burgos.

Lección 8 Hablando en el trabajo

- Expresar contrariedad y enfado.
- Invitar. Aceptar o rechazar una invitación.
- Animar a alguien a que continúe en una conversación.
- Poner algo de relieve.
- Introducir una opinión contraria.

1. Relaciona los departamentos principales de una empresa con sus funciones.

a. Este departamento se ocupa de dirigir la producción del producto que fabrica y comercializa la empresa, del mantenimiento de las instalaciones y del control de calidad.

b. Este departamento se encarga de las compras y de las ventas, de la publicidad (marketing) y del almacén donde se guardan los productos fabricados.

c. Este departamento es externo, es decir, no trabaja exclusivamente para una empresa sino que presta sus servicios a varias empresas. Se ocupa de solucionar todas las cuestiones legales de la empresa.

1. Dirección General
2. Asesoría Jurídica
3. Departamento de Recursos Humanos
4. Departamento Técnico
5. Departamento Comercial
6. Departamento Financiero
7. Departamento de Administración

d. Este departamento se encarga de la contabilidad de la empresa y de archivar toda la información y los documentos que se tramitan.

e. Este departamento se encarga de calcular presupuestos y beneficios de posibles inversiones.

f. Este departamento se ocupa de dirigir y controlar a todos los demás departamentos. Es el más importante, aunque debe actuar en consenso con el Consejo de Administración, que representa a los socios propietarios de la empresa (Junta de socios).

g. Este departamento se ocupa de todo lo que esté relacionado con los empleados: sus contratos, sus vacaciones, sus horarios, etc., y también de su bienestar y de las relaciones laborales.

2. Completa el organigrama de una empresa según la información del ejercicio anterior.

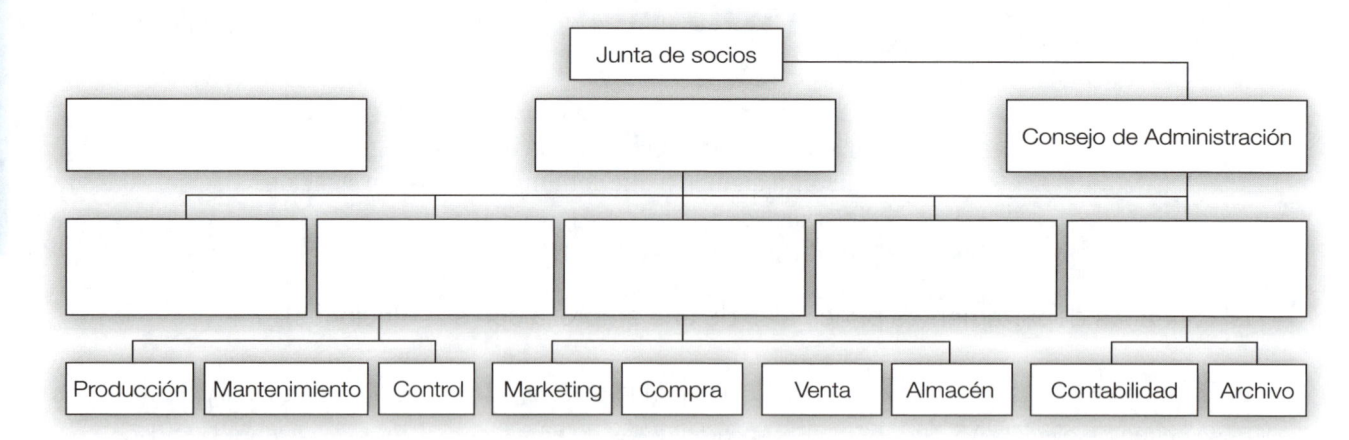

```
                            Junta de socios
                                  |
        ┌─────────────────────────┼─────────────────────────┐
     [    ]                    [    ]              Consejo de Administración
        |                         |                         |
   ┌────┴────┐         ┌──────────┼──────────┐         ┌────┴────┐
 [    ]   [    ]    [    ]     [    ]      [    ]    [    ]   [    ]
```

| Producción | Mantenimiento | Control | Marketing | Compra | Venta | Almacén | Contabilidad | Archivo |

3. En esta sopa de letras se esconden dos circunstancias que perjudican las relaciones laborales y cuatro que las favorecen. Encuéntralas.

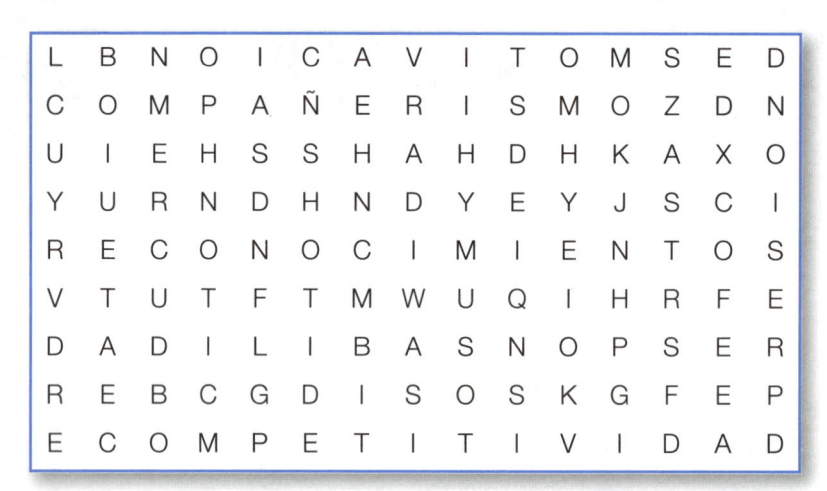

L	B	N	O	I	C	A	V	I	T	O	M	S	E	D
C	O	M	P	A	Ñ	E	R	I	S	M	O	Z	D	N
U	I	E	H	S	S	H	A	H	D	H	K	A	X	O
Y	U	R	N	D	H	N	D	Y	E	Y	J	S	C	I
R	E	C	O	N	O	C	I	M	I	E	N	T	O	S
V	T	U	T	F	T	M	W	U	Q	I	H	R	F	E
D	A	D	I	L	I	B	A	S	N	O	P	S	E	R
R	E	B	C	G	D	I	S	O	S	K	G	F	E	P
E	C	O	M	P	E	T	I	T	I	V	I	D	A	D

4. Lee el siguiente texto acerca del *outsourcing* y contesta verdadero o falso.

EL *OUTSOURCING* GANA TERRENO EN LAS EMPRESAS

Diversos estudios muestran que las prácticas de *outsourcing* se están haciendo cada vez más populares y que se están convirtiendo en una herramienta de gestión que permite que las compañías se dediquen a su actividad principal, dejando las actividades restantes en manos de proveedores especializados. El 36% de las compañías con ventas superiores a 50 millones de dólares contratan servicios externos. El *outsourcing* proporciona beneficios como la rapidez, la reducción de gastos, la mejora de servicios o el acceso a tecnología avanzada.

En el *outsourcing*, el control de las funciones depende de la empresa proveedora del servicio en cuestión. Esta empresa externa, como especialista en su campo, normalmente se encontrará en una situación de poder que no se suele tener en una función secundaria realizada internamente.

Sin embargo, el *outsourcing* no se puede aplicar a todos los departamentos. Por ejemplo, el *outsourcing* en Recursos Humanos presenta un gran inconveniente: el departamento de Recursos Humanos está involucrado en aspectos que son fundamentales para el bienestar de los empleados, y delegar esta responsabilidad a compañías externas podría ser interpretado por los trabajadores como una clara indicación de que los directivos no valoran en gran medida estos aspectos. Externalizar los RR.HH. debe concebirse únicamente como delegar las tareas más administrativas en una empresa colaboradora para poder desempeñar un papel más estratégico dentro de la organización.

(Texto adaptado de http://www.rrhhmagazine.com)

	V	F
1. El *outsourcing* es una práctica que consiste en que las funciones de una empresa las realizan únicamente departamentos de esa empresa.		
2. El *outsourcing* permite una reducción de gastos.		
3. Cuando una empresa presta sus servicios a otra, no tiene el mando sobre esos servicios.		
4. El *outsourcing* de RR. HH. no es muy recomendable.		
5. Las empresas que contratan a una empresa externa para que realice las funciones de RR. HH. se preocupan más por sus empleados que las otras empresas.		

5. Expresa enfado en las siguientes situaciones.

1. ....
2. ....
3. ....
4. ....
5. ....

6. Recuerda el pretérito imperfecto de subjuntivo y completa las siguientes formas verbales.

1. *(Dar)* d..........ra o d..........se
2. *(Estar)* est..........ra o est..........se
3. *(Poner)* p..........ra o p..........se
4. *(Saber)* s..........ra o s..........se
5. *(Tener)* t..........ra o t..........se
6. *(Decir)* d..........ra o d..........se
7. *(Ver)* v..........ra o v..........se
8. *(Hacer)* h..........ra o h..........se
9. *(Reír)* r..........ra o r..........se
10. *(Conducir)* cond..........ra o cond..........se
11. *(Poder)* p..........ra o p..........se
12. *(Querer)* qu..........ra o qu..........se
13. *(Ser)* f..........ra o f..........se
14. *(Venir)* v..........ra o v..........se
15. *(Traer)* tra..........ra o tra..........se
16. *(Oír)* o..........ra u o..........se
17. *(Leer)* le..........ra o le..........se
18. *(Andar)* and..........ra o and..........se
19. *(Huir)* hu..........ra o hu..........se
20. *(Morir)* m..........ra o m..........se

unidad 4

7. Escribe un diálogo utilizando los marcadores de la conversación que has aprendido.

¿Sí?
Anda
Sí, sí
¡No me digas!
No, no
Claro
A ver
Mira(d)
¡Ojo!
Bueno, es que…
Hombre, no sé, yo creo que…
Pues, yo creo que…
Ya, pero…

8. Completa la siguiente carta formal por la que una empresa solicita concertar una reunión con otra para conocer las características de los servicios de Soporte Técnico que ofrecen.

KIWI, S.A.
Av. de la Alcarria, s/n
28800 Madrid
Tel. 91 384 84 12 90

SANTA MARINA, S.A.
P.º del Castro, 55
28080 Madrid

Asunto: ……………………………………………………………………………
……………………………………………………………………………………
……………………………………………………………………………………
……………………………………………………………………………………
……………………………………………………………………………………
……………………………………………………………………………………
……………………………………………………………………………………
……………………………………………………………………………………

F. Borja Méndez-Castillejo
Subdirector RR. HH.

Lección 9 Vamos a elegir nuestro futuro

- Expresar la intención de hacer o no hacer algo.
- Expresar y preguntar por planes.
- Sugerir actividades y hacer planes.

1. Las terminaciones de estos nombres de carreras universitarias están descolocadas. Corrígelas.

   1. Económ**ura** ....
   2. Empresari**cas** ....
   3. Period**erio** ....
   4. Magist**ia** ....
   5. Filolog**ismo** ....
   6. Arquitect**ía** ....
   7. Medic**echo** ....
   8. Histor**ina** ....
   9. Der**ica** ....
   10. Informát**iones** ....
   11. Telecomunicaci**ales** ....

2. Relaciona cada estudio universitario con un objeto.

   1. Económicas
   2. Empresariales
   3. Periodismo
   4. Magisterio
   5. Filología
   6. Arquitectura
   7. Bellas Artes
   8. Medicina
   9. Historia
   10. Derecho
   11. Informática
   12. Telecomunicaciones

cuarenta y una 41

3. ¿Cuáles de los estudios anteriores son de *letras* y cuáles de *ciencias*?

ESTUDIOS DE LETRAS	ESTUDIOS DE CIENCIAS

4. Clasifica los siguientes términos relacionados con la educación.

Grado	Aula	Rector	Matrícula
Postgrado	Rectorado	Licenciatura	Trimestre
Universidad	Aula Magna	Carrera	Doctor
Tuna	Profesor	Licenciado	Doctorado
Facultad	Catedrático	Preinscripción	Cuatrimestre

LUGARES	PERSONAS	FASES DEL SISTEMA EDUCATIVO	TRÁMITES Y DOCUMENTOS	TIEMPO

5. Escribe frases con estas palabras.

1. Rectorado / preinscripción / doctorado:

....

2. Rector / conferencia / Aula Magna:

....

3. profesores / catedráticos / doctores:

....

4. tuna / facultad / Medicina:

....

5. cuatrimestre / estar matriculado / Literatura Medieval:

....

6. Corrige los errores de la tabla.

	DECIR	QUERER	SABER	SALIR	PONER
Yo	deciré	quierré	separé	saliré	ponré
Tú	dirirás	querirás	sabrás	salirás	ponerás
Él / Ella / Vd.	dirá	querá	sadrá	saliera	ponirá
Nosotros/as	diríamos	quedremos	saberemos	salgamos	pondremos
Vosotros/as	dijerais	queríais	saperéis	saldréis	pusiréis
Ellos/as / Vds.	dirán	querrán	supirán	salán	pongán

	DECIR	QUERER	SABER	SALIR	PONER
Yo					
Tú					
Él / Ella / Vd.					
Nosotros/as					
Vosotros/as					
Ellos/as / Vds.					

7. Ahora escribe la conjugación de estos verbos.

HACER

HABER

PODER

VALER

TENER

VENIR

8. Imagina que puedes viajar al pasado y que informas a la gente de las novedades que le esperan. Utiliza los verbos indicados en la forma adecuada.

Ej.: *Teléfonos móviles: Habrá teléfonos muy pequeños y sin cable para hablar desde cualquier sitio.*

1. Comida rápida *(comer)* ....
2. Tarjetas de crédito *(pagar)* ....
3. Internet *(conocer)* ....
4. Televisión *(ver)* ....
5. Tren de alta velocidad *(viajar)* ....
6. Escaleras mecánicas *(subir)* ....
7. Cámara de vídeo *(grabar)* ....
8. Correo electrónico *(enviar)* ....
9. Placa vitrocerámica *(cocinar)* ....
10. Ordenadores *(guardar)* ....

9. Completa con futuro simple o *ir a* + infinitivo. ¡Ojo! En algunos casos hay dos posibilidades. Justifica tu respuesta imaginando la situación en que se dice la frase.

1. *(pintar)* .... mi casa de azul.
2. Algún día nosotros *(volver)* .... a Roma.
3. Jamás *(volver)* .... a pasar hambre.
4. ¡Estoy harta! *(dejar)* .... de fumar.
5. Elvira nunca *(casarse)* .... con él, odia los compromisos.
6. Está muy desanimada, cree que nunca *(encontrar)* .... trabajo.
7. ¿Sabes? ¡*(tener)* .... un niño!
8. No te preocupes, todo *(salir)* .... bien.
9. Ven a mi casa, aquí *(estar)* .... a salvo.
10. *(estudiar)* .... en la universidad de Alcalá.
11. El avión *(tomar)* .... tierra en breves momentos.
12. El ayuntamiento *(construir)* .... 2.000 viviendas de protección oficial.
13. *(teñirse)* .... el pelo de rojo.
14. María *(matricularse)* .... en Medicina.
15. Pedro y yo *(casarse)* ....
16. *(pensar)* .... en ti todos los días.
17. *(pedir)* .... un crédito al banco, quiero comprarme un coche.
18. Te *(escribir)* .... al llegar.
19. Siempre me *(acordarse)* .... de aquel día, fue maravilloso.
20. *(comprarse)* .... un coche.
21. Esta noche Ana y yo *(ver)* .... una película.

22. Se informa a los ciudadanos de que el agua *(ser)* .... cortada de nueve a once de la mañana.

23. El aparcamiento *(cerrar)* .... a las doce de la noche.

24. El domingo *(comer)* .... con mi familia.

25. La ambulancia *(trasladar)* .... a los heridos al hospital.

26. Las obras en la línea 1 de metro *(durar)* .... un mes.

27. El cometa *(pasar)* .... cerca de Marte.

28. *(visitar)* .... a mis amigos de Barcelona.

29. La nueva autopista *(atravesar)* .... la provincia de Teruel.

30. Javier, ¿*(dormir)* .... la siesta?

10. Escribe esta noticia imaginaria. Para ello, describe las características del producto, sus funciones, sus posibles aplicaciones en la vida cotidiana y los cambios que producirá en la vida de la gente.

LAS CÁMARAS "HOLOGRÁFICAS" SUSTITUIRÁN A LAS CÁMARAS FOTOGRÁFICAS

Próximamente se lanzarán al mercado las revolucionarias cámaras holográficas, que podrán reproducir la realidad a través de hologramas. El invento ha nacido en Corea y tendrá un precio de 2.000 euros.

---

11. Corrige los errores en las siguientes frases si es necesario.

1.
–Ahora vuelvo, cariño. Sacaré la basura.
–Vale, no tardes.

2.
–Este fin de semana voy a ir a Toledo.
–Quizás vaya a ir yo también.

3.
–¿Sabes a qué hora va a salir el tren mañana?
–Supongo que saldrá a las doce, como siempre.

4.
–¿Qué piensas hacer con el dinero de la lotería?
–Pues voy a invertir en Bolsa. Estoy decidido.

5.
–¿Adónde vas? ¡La película ya ha empezado!
–Es solo un minuto. Compraré palomitas.

6.
–¿Vas a comer aquí?
–No, no me he traído la comida.

7.
–¿Qué hora es?
–Van a ser las dos. Falta un minuto exactamente.

8.
–¿Cuándo sabremos los resultados de los análisis?
–El próximo lunes nos los van a dar.

Lección 10 — Si estudiara aprobaría

unidad 5

- Relacionar acciones futuras.
- Expresar condiciones para el cumplimiento de una acción.
- Relacionar información mediante la expresión de la finalidad.
- Expresar buenos deseos, pena o decepción y alegría.

1. Lee el siguiente texto sobre las oposiciones y responde verdadero o falso.

Normalmente, cuando buscamos trabajo consultamos en los periódicos o en Internet las ofertas de empleo de las diferentes empresas. También podemos enviar nuestro C. V. (Currículum vitae) a las compañías que podrían necesitar nuestros servicios. Otras veces, es un amigo el que nos recomienda en su empresa para que nos contraten. Y, además, para conseguir un trabajo, podemos hacer oposiciones.

Las oposiciones son una serie de pruebas de selección, como exámenes y exposiciones orales, para conseguir una plaza o puesto de trabajo. Los puestos a los que se accede son públicos, es decir, no pertenecen a empresas privadas sino al Estado.

Es posible opositar para ser profesor, médico, juez, policía, bombero o administrativo, entre otras cosas. La principal ventaja de estos trabajos es que tienen carácter indefinido y, por tanto, garantizan la estabilidad laboral toda la vida. Las personas que logran estos puestos se llaman funcionarios.

Las pruebas de selección son diferentes según el grupo o cuerpo de funcionarios al que se quiera acceder. Por ejemplo, para ser profesor hay que superar un examen escrito y otro oral, pero para ser policía hay que pasar varios cuestionarios y una prueba física. Los temas que deben estudiar los opositores se indican en una lista oficial llamada temario. Algunas academias, especializadas en preparación de oposiciones, desarrollan los temarios y los venden.

A la calificación media de las distintas pruebas de la oposición hay que añadir la puntuación por experiencia profesional y formación académica. Los opositores que obtengan mejor nota consiguen un puesto de trabajo. Cada año, miles de personas se presentan a las distintas oposiciones, aunque son muy pocas las que ganan la plaza.

	V	F
1. En España todos los trabajos se consiguen *haciendo oposiciones*.		
2. Las oposiciones son organizadas por empresas privadas.		
3. Las oposiciones consisten en una serie de pruebas de selección.		
4. Las personas que aprueban las oposiciones trabajan en una plaza y las que no, en la calle.		
5. Las pruebas de la oposición son diferentes para cada *cuerpo de funcionarios*.		
6. Los temarios de cada oposición son secretos.		
7. La experiencia profesional y la formación académica dan puntos en la oposición.		
8. Son muy pocas las personas que opositan.		

2. Define los siguientes términos.

   1. Curso presencial: ....
   2. Programación didáctica: ....
   3. Academia: ....
   4. Exposición oral: ....
   5. Tribunal de oposición: ....

3. ¿Cuándo realizarán estas personas las siguientes acciones? Fíjate en los dibujos y completa la frase.

Me casaré 	2. Iré a un programa de televisión	3. Comeré un grillo ....

4. Me tiraré en paracaídas	5. Dormiré en una casa encantada ....

6. Me teñiré el pelo de verde	7. Me haré un tatuaje ....

4. Completa con indicativo o con subjuntivo.

   1. Cuando (estar) .... de vacaciones voy a levantarme a las once de la mañana.
   2. Cuando (vivir) .... con mis padres no tenía que preocuparme de nada.
   3. ¿Nos tomamos un café cuando (acabar) .... el trabajo?
   4. Cuando (estar) .... de vacaciones me levanto a las once de la mañana.
   5. Vete cuando (terminar) .... , no me esperes.

6. Cierra la puerta con llave cuando *(quedarse)* .... solo en casa.

7. El niño llora cuando *(tener)* .... hambre.

8. Cuando *(llegar)* .... a mi casa, la puerta estaba abierta.

9. Llámame cuando *(tener)* .... un problema.

10. Habla sólo cuando te *(preguntar)* ....

11. Por favor, ven cuando *(tener)* .... un minuto.

12. Cuando *(darse)* .... cuenta de mi error, ya era demasiado tarde para solucionarlo.

13. Sólo se acuerda de mí cuando me *(necesitar)* ....

14. Juan estaba muy animado cuando *(hablar)* .... con él.

15. Esther está de mal humor cuando no *(dormir)* ....

5. Recuerda la forma del pretérito imperfecto de subjuntivo. ¿Qué verbos son irregulares en este tiempo verbal?

Cantar	Leer	Ser	Hablar	Ir	Saber
Decir	Andar	Dormir	Dar	Estudiar	Morir
Ver	Poder	Comprar	Creer	Pedir	Educar
Hacer	Atender	Venir	Estar	Conceder	Tener
Conducir	Querer	Reconocer	Permitir	Poner	Perder
Sonreír	Consumir	Huir	Traer	Subir	Vivir

VERBOS REGULARES: ....
....
VERBOS IRREGULARES: ....
....

6. Ahora escribe la primera persona de singular de cada uno de los verbos anteriores.

Cantar: .... Ser: .... Ir: ....

Decir: .... Dormir: .... Estudiar: ....

Ver: .... Comprar: .... Pedir: ....

Hacer: .... Venir: .... Conceder: ....

Conducir: .... Reconocer: .... Poner: ....

Sonreír: .... Huir: .... Subir: ....

Leer: .... Hablar: .... Saber: ....

Andar: .... Dar: .... Morir: ....

Poder: .... Creer: .... Educar: ....

Atender: .... Estar: .... Tener: ....

Querer: .... Permitir: .... Perder: ....

Consumir: .... Traer: .... Vivir: ....

7. La revista *Coco sano* ha publicado un estudio sobre hábitos que debemos cambiar para ser más felices. Descúbrelos escribiendo frases condicionales.

SERÍAMOS MÁS FELICES SI CADA DÍA...

1. Reír diez minutos: ....
2. Leer un poema: ....
3. Dormir la siesta: ....
4. Comer chocolate: ....
5. Madrugar: ....
6. Hablar con amigos: ....
7. Dar un pequeño paseo: ....
8. Oler una flor: ....
9. Escuchar música: ....
10. Ser nosotros mismos: ....

8. Completa con las formas verbales en el tiempo y en el modo adecuados.

1. Si *(aprobar)* .... las oposiciones, invitaré a mis amigos a cenar.
2. Si me levanto pronto, *(poder)* .... ir al banco antes del trabajo.
3. Si me *(dar)* .... el puesto, invitaría a mis amigos a cenar.
4. Si acabara el trabajo a las ocho, *(ver)* .... una película.
5. Si *(acostarse)* .... pronto, mañana no tendré sueño.
6. Si todo va bien, el año que viene me *(comprar)* .... una casa.
7. Si *(perder)* .... el tren, voy en autobús a trabajar.
8. Si tuviera veinte años menos, *(ir)* .... todos los días al gimnasio.
9. Si no *(equivocarse)* .... mucho, aprobaré el examen.
10. Si fueras como él, no *(tener)* .... tantos problemas.
11. Si no *(tomarse)* .... un café por la mañana, me siento fatal.
12. ¿Qué harías si no *(tener)* .... teléfono móvil?
13. Si *(hacer)* .... buen tiempo, iré al zoológico.
14. Si tienes alguna duda, *(llamarme)* ....
15. No sé qué *(hacer)* .... si no tuviera teléfono móvil.

9. Escribe frases condicionales con estas palabras.

1. Llover / excursión: ....
2. Gato / calle / casa: ....
3. Enamorarse / cantar: ....
4. No dormir / café: ....
5. Beber / conducir: ....

10. Completa libremente estas frases.

1. Si me enamorara de una persona de otro país ....
2. Si me encontrara una cartera en el autobús ....
3. Si llego tarde a clase ....
4. Si me olvidara de una cita ....
5. Si no me acuerdo del nombre de alguien ....

11. Relaciona las dos columnas y construye oraciones finales.

1. Trabajar todo el verano	a. Arreglar un anillo
2. Levantarse muy temprano	b. Aumentar mi capital
3. Ir a la joyería	c. Tener buena salud
4. Cuidar la alimentación	d. Decir cómo se hace la comida
5. Invertir dinero en la Bolsa	e. No llegar tarde al trabajo
6. Ir al banco	f. Pagarse los estudios
7. Leer cuentos a un hijo	g. Sacar dinero
8. Llamar a una hermana	h. Dormirse

SOLUCIONES

Lección 1

1.

Posibles respuesta
1. salir
2. coger un taxi
3. volver
4. quedarse
5. viajar por

2.

Respuesta libre.

3.

atraco: atracar · robo: robar · amenaza: amenazar
sorpresa: sorprender(se) · susto: asustar(se) · preocupación: preocupar(se)
equivocación: equivocar(se) · confusión: confundir(se) · incendio: incendiar(se)

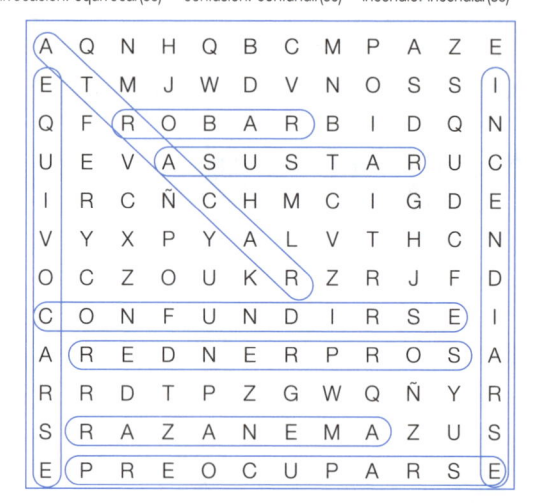

```
A Q N H Q B C M P A Z E
E T M J W D V N O S S I
Q F R O B A R B I D Q N
U E V A S U S T A R U C
I R C Ñ C H M C I G D E
V Y X P Y A L V T H C N
O C Z O U K R Z R J F D
C O N F U N D I R S E I
A R E D N E R P R O S A
R R D T P Z G W Q Ñ Y R
S R A Z A N E M A Z U S
E P R E O C U P A R S E
```

4.

1. La película **sorprendió** a toda la crítica por su calidad.
2. Nadie **se sorprendió** de las extrañas reacciones de Pepa.
3. No **se asustaba** nunca de nada; lo llamaban *Juan sin miedo*.
4. La historia que le contaron **lo asustó** tanto que no pudo dormir esa noche.
5. Nos **preocupa** que Iván vaya con esa gente tan rara.
6. Sé que **os preocupáis** mucho por mí, pero no hace falta, de verdad. Sé cuidarme.
7. Mis amigos **se equivocaron** de teléfono y llamaron al número de mis padres. ¡Vaya susto que se dieron!
8. Estos chicos **equivocaron** al policía con tantas historias contradictorias que ya no sabía ni qué creer.
9. Deja de hablarme: me **confundes** y no puedo pensar con claridad.
10. Aquí no vive Marie. **Os habéis confundido** de casa.
11. La casa **se incendió** al anochecer, mientras todos hablaban en el salón.
12. El ama de llaves, celosa del amor de la pareja, **incendió** la casa.

5.

abrir → **abierto**   hacer → **hecho**   romper → **roto**
componer → **compuesto**   morir → **muerto**   ver → **visto**
cubrir → **cubierto**   poner → **puesto**   volver → **vuelto**
decir → **dicho**   resolver → **resuelto**   freír → **frito**
descubrir → **descubierto**   escribir → **escrito**

6.

Posibles respuestas
El otro día fui a la agencia de viajes; Ayer compré los billetes de avión; Nunca he viajado a La Antártida; Todavía no he ido de vacaciones a España; Esta semana me ha tocado un premio; Siempre he buscado información en Internet; En 2003 conocí Barcelona; ¿Alguna vez has hecho el Camino de Santiago?

7.

Respuesta libre.

8.

anduvimos, estuvieron, pudiste, puse, tuvisteis, vino, hizo, quisimos, conduje, dijisteis, trajo, durmieron, pediste, leyó, di, fuisteis

9.

Estábamos sentados en un prado, en un alto desde donde se divisa el río Miño, a 1 km de distancia aproximadamente, **cuando de repente** vimos en el cielo una esfera que brillaba con el reflejo del sol; llevábamos los prismáticos y pudimos comprobar que era un platillo, volando a una distancia de 1 km sobre la vertical del río. Iba bajando paulatinamente, dando balanceos hacia los lados, hasta llegar a la orilla. **De pronto**, se paró sobre la misma orilla, cerca de unos árboles. **Inmediatamente después**, aceleró y subió. Me llevé un sobresalto cuando hizo esa maniobra, me asusté, **pero de repente** el platillo se detuvo, como si supiera de mi susto, y empezó a subir ladera arriba, despacio, como cuando descendió. Vi con los prismáticos que era un platillo volante, como esos que se hacen girar con un palo.
Al llegar a la cima, siguió volando por encima de unos prados, hasta llegar a otro monte cercano. Siguió subiendo y subiendo hacia la cima, allí se paró y, **finalmente**, empezó a ascender lentamente hasta desaparecer.
¿Mi impresión? Un platillo volante. No eran luces, porque era de día, las 13.30 horas; por tanto, vi su forma. **Además**, parecía que estaba teledirigido, ya que se movía como una nave de los juegos de ordenador, de esas que haces avanzar con un *joystick*. La impresión fue grata a pesar del pequeño susto. **También** sentí una buena sensación, pensando que era algo santo, lo que los viejos llaman los ángeles en sus naves; de verdad que sentí algo maravilloso, **así que** me han quedado ganas de repetir. Era la primera vez en mi vida que lo veía, aunque siempre me han interesado muchísimo. ¡Ojalá pueda verlo otra vez!

1. Estaban sentados en un prado, divisando el río Miño.
2. Se paró repentinamente y, después, aceleró y subió.
3. Tras llegar lentamente a la cima del monte.
4. Miedo y emoción.
5. Porque todo ocurrió a las 13.30, en plena luz del día, y pudo ver con claridad su forma.
6. Objeto Volador No Identificado.
7. Respuesta libre.

10.

Posibles respuestas

1. Iba a salir a la calle cuando llamaron por teléfono.
2. Acababa de llegar al trabajo cuando se dio cuenta de que le habían robado la cartera.
3. Se acostó y de pronto oyó un ruido en el salón.
4. Después de dejar a su novio empezó a salir con otro chico.
5. Íbamos paseando por la Gran Vía cuando vimos a Pedro en la cafetería.
6. Estaba a punto de llamar a César cuando llegaron mis primos y ya se me olvidó.

7. Estaba estudiando en mi habitación y empecé a oír gritos en la escalera.
8. Íbamos hablando del viaje cuando nos encontramos con ellos.
9. Se levantó de la silla y de pronto se desmayó.
10. Estaba preparando la cena cuando vi unas sombras por el pasillo.

11.

Posibles respuestas

1. Un accidente de coche en el que milagrosamente se salvó el protagonista.
2. - Reventón de la rueda.
   - El coche queda en el carril contrario de cara a un camión.
   - Inexplicablemente, el coche vuelve a su carril.
   - Viaje de peregrinación para pagar la deuda.
   - Fiesta, danza, comida.

12.

Respuesta libre.

Lección 2

1.

1. fantasma
2. hombre lobo
3. espíritu
4. monstruo
5. vampiro
6. zombi
7. bruja
8. demonio
9. extraterrestre

Respuesta libre.

```
B Q O J A M S A T N A F X M
O R P K N I O I N O M E D Z
I E U L M R D J F G H F O V
U R S J O U R T S N O M S D
Y T D O A G T C A Y B V A S
T Y N T J R J O R I P M A V
R E S P I R I T U A A B T U
E R T S E R R E T A R T X E
H O M B R E L O B O V Y U O
```

2.

disparo; asesinato; grito; muerte; susto; huida; escapada; mordisco / mordedura.
Respuesta libre.

3.

	encerrar	temblar	devolver	mentir
Yo	encierre	tiemble	devuelva	mienta
Tú	encierres	tiembles	devuelvas	mientas
Él / Ella / Usted	encierre	tiemble	devuelva	mienta
Nosotros/as	encerremos	temblemos	devolvamos	mintamos
Vosotros/as	encerréis	tembléis	devolváis	mintáis
Ellos/as / Ustedes	encierren	tiemblen	devuelvan	mientan

	perseguir	impedir	aparecer	huir
Yo	persiga	impida	aparezca	huya
Tú	persigas	impidas	aparezcas	huyas
Él / Ella / Usted	persiga	impida	aparezca	huya
Nosotros/as	persigamos	impidamos	aparezcamos	huyamos
Vosotros/as	persigáis	impidáis	aparezcáis	huyáis
Ellos/as / Ustedes	persigan	impidan	aparezcan	huyan

4.

Posibles respuestas

E > IE: acertar (acierte, aciertes, acierte, acertemos, acertéis, acierten)

O > UE: poder (pueda, puedas, pueda, podamos, podáis, puedan)

U > UE: jugar (juegue, juegues, juegue, juguemos, juguéis, jueguen)

C > ZC: conocer (conozca, conozcas, conozca, conozcamos, conozcáis, conozcan)

UI > UY: inmiscuir (inmiscuya, inmiscuyas, inmiscuya, inmiscuyamos, inmiscuyáis, inmiscuyan)

Otros cambios: poner (ponga, pongas, ponga, pongamos, pongáis, pongan), salir, hacer, traer

5.

1. Ayer había mucho tráfico. Quizá llegara tarde al trabajo.
2. A lo mejor no encontró a su madre en el cine. Había demasiada gente a esas horas.
3. La casa estaba a oscuras. Puede que hubieran salido todos a pasear.
4. Es probable que estuviera asustada por lo de su operación.
5. Tal vez saliera corriendo al oír la noticia del accidente.
6. Probablemente estuviera huyendo de fantasmas del pasado que lo perseguían y atormentaban.
7. Decían que en este castillo se oían por las noches gritos y lamentos. Puede que lo hubieran embrujado.

6.

Respuesta libre.

7.

1. Han declarado la casa en ruinas. La familia Duarte no **habrá podido** arreglarla para salvarla de la demolición
2. ¡Qué raro! No ha venido nadie a la reunión. **Habrán tenido** problemas con la policía.
3. No consiguieron la licencia de apertura. El local no **reuniría** todas las condiciones necesarias.
4. Cuando llegué al restaurante, Eva ya no estaba. Se **habría ido** sola al cine.
5. El mayordomo dejó su empleo en la mansión y se dedicó a la adivinación y a la magia. **Cobraría** poco dinero; o tal vez **estaría** agobiado con los numerosos problemas de la familia.
6. En la productora cinematográfica han rechazado el guion de los zombis asesinos. No lo **verían** nada original.
7. Marta no contesta a mis llamadas. **Tendrá** problemas con su móvil o **estará** en apuros.
8. Aquella mañana Inés estaba nerviosa e inquieta. La noche anterior **habría recibido** alguna visita inesperada y malévola.
9. La policía está interrogando a Norman. Habrán encontrado pruebas contra él.
10. Han declarado culpable de los asesinatos a Norman. **Estaría** loco y sufriría problemas de identidad.

8.

Respuesta libre.

9.

Dos de las celebraciones **más** importantes de México se realizan en el mes de noviembre. **Según** el calendario **católico**, el **día** 1 está dedicado a Todos los Santos y el **día** 2, a los Fieles Difuntos. En estas dos fechas se llevan a cabo los rituales para rendir culto a los antepasados. Es el tiempo en que las almas de los parientes fallecidos regresan a casa para convivir con los familiares vivos y para nutrirse de la esencia del alimento que se les ofrece en los altares **domésticos**.

La celebración del **Día** de Muertos, como se la conoce popularmente, se practica en toda la República Mexicana. En ella participan tanto las comunidades **indígenas** como los grupos mestizos, urbanos y campesinos.

Estas fiestas son una amalgama de las culturas mesoamericanas –fundamentalmente la mexicana– y del mundo **hispánico**. El **carácter lúdico** que éstas presentan deriva de la **cosmovisión** azteca. Se halla en la **concepción** que **tenían** de la muerte, que es vista como un despertar, como un renacimiento a otro mundo –el mundo de los muertos–. No es el fin, sino el futuro.

La ofrenda que se presenta constituye un homenaje a un visitante distinguido, pues el pueblo cree sinceramente que el difunto a quien se dedica **habrá** de venir de ultratumba a disfrutarla.

Los cementerios se iluminan con las velas que llevan los visitantes y sus ofrendas se colocan sobre la tumba del difunto. Todos se colocan alrededor y le cuentan lo ocurrido desde que **él** no está; comida y **música** suelen acompañar a esta **celebración**.

También en las casas está presente la **celebración**. Se escoge un lugar de la casa despejado y se instala un altar, se cubre con un mantel blanco sobre el que se deshojan cempachúsiles (un tipo de flor semejante por su aspecto a las margaritas y que es muy abundante en este **país**); se pone la **fotografía** de los difuntos, se cubren los espejos, se añaden **imágenes** religiosas y decoraciones de papel calado, platos con diversos alimentos y cirios y **lámparas** de aceite que **arderán** toda la noche. En un incensario de barro, se quema incienso, mirra y estoraque con el fin de limpiarles el ambiente y el camino a los fieles difuntos.

Muchos son los platos y dulces **típicos** de este **día**, pero quizás son las calaveras de **azúcar** las que **más** popularidad han alcanzado fuera del **país**.

Respuesta libre.

10.

Respuesta libre.

Lección 3

1.

Cabeza	Brazos	Piernas	Cuello	Tronco
Barbilla	Codos	Caderas	Cervicales	Cintura
Boca	Dedos	Dedos	Garganta	Espalda
Cara	Hombros	Pantorrillas	Nuca	Lumbares
Cejas	Manos	Pies		Ombligo
Dientes	Uñas	Rodillas		Pecho
Labios		Tobillos		Tripa
Lengua				
Mejillas				
Nariz				
Ojos				
Orejas				
Pelo				
Pestañas				

2.
1. cerebro
2. tráquea
3. corazón
4. estómago
5. intestino
6. uréter
7. músculos
8. venas y arterias (sistema circulatorio)
9. pulmón
10. riñón
11. vejiga
12. esqueleto / hueso

3.

```
L E D E R A J A L E R
I R F G B N A K H F A
M T G V N B Z J Y G R
P Y R A T A R D I H B
I U A Y R C X G I Y I
A I C U H A D F D T L
R O I D G Z V V F U I
E P F S F A F I E J U
S B I E D S F D T I Q
Y N N R S D R S A C E
U M O T S F E X X O A
E S T I M U L A R T W
```

4.
1. 'Mente sana en cuerpo sano'.
2. Endorfinas.
3. Disminuir la sensibilidad hacia el dolor.
4. Relajación, bienestar, aumento de la autoestima y disminución de la ansiedad.
5. Las personas que están estresadas, deprimidas o sufren algún problema emocional.

5.

Posibles respuestas

estresado: relajado
deprimido: eufórico
desilusionado: ilusionado
desanimado: animado
apático: activo
crispado: sosegado
agobiado: tranquilo
agotado: descansado

6.

estresado: estrés
deprimido: depresión
desilusionado: desilusión
desanimado: desánimo
apático: apatía
crispado: crispación
agobiado: agobio
agotado: agotamiento

7.
1. Yo que tú **iría** al médico.
2. Lo mejor es que **te acuestes** y que **te levantes** mañana temprano.
3. ¿Por qué no **te tomas** una tila?
4. Te recomiendo que **pruebes** las flores de Bach.
5. ¿Y qué tal si **vas** a correr un rato?
6. Te aconsejo que **descanses** este invierno.
7. Yo que tú **pediría** cita al masajista.
8. Te recomiendo que **desconectes** del trabajo.
9. Lo mejor es que **te pongas** calor en esa zona.
10. ¿Por qué no **cambias** de colchón?

8.

Posibles respuestas
1. Bebe mucha agua cuando estés resfriado.
2. Yo que tú no llevaría ropa estrecha para hacer deporte.
3. Lo mejor es que te vacunes de la gripe cuando empiece el frío.
4. Te aconsejo que te abrigues la cabeza y las manos en invierno.
5. Te recomiendo que vayas un fin de semana a un balneario.

9 y 10.

Respuesta libre.

Lección 4

1.

De la flecha que sale del pelo: champú, loción capilar, crecepelo, mascarilla

De la flecha que sale del cutis (cara): crema hidratante, maquillaje, leche limpiadora, tónico, complemento alimenticio, tratamiento antienvejecimiento

De la doble flecha convergente que sale de la tripa/caderas: hacer dieta / régimen, hacer gimnasia, operación estética.

2 y 3.

Respuesta libre.

4.

Alimentos ricos en vitaminas	Alimentos ricos en calcio	Alimentos ricos en proteínas	Alimentos ricos en carbohidratos	Alimentos ricos en grasas
La naranja La manzana La zanahoria El limón La sandía El tomate La lechuga	La leche El yogur El queso	La carne El marisco El pescado Los huevos Las lentejas Las judías Las habas	El pan Los bollos Los cereales El arroz La patata La pasta	El aceite Los frutos secos El chocolate

5.

Posibles respuestas

1. Los alimentos que contienen demasiadas grasas.
2. El chocolate y los frutos secos.
3. Los lácteos / La leche y sus derivados.
4. Los alimentos que aportan vitaminas.
5. Los alimentos que contienen carbohidratos y azúcares.
6. Las frutas y las verduras.

6.

Respuesta libre.

7.

1. COCER
2. PELAR
3. ECHAR
4. HERVIR
5. CORTAR
6. SAZONAR
7. ASAR
8. DORAR
9. MOLER
10. PICAR
11. COLAR
12. AGREGAR

8.

1. Cuchillo
2. Agua y cazuela
3. Cuchillo y tabla
4. Colador
5. Horno
6. Aceite y sartén u horno
7. Cuchillo y tabla
8. Mortero / Molinillo
9. Sal y pimienta

9.

Posibles respuestas

1. Llamé a mi hermana **tan pronto como / en cuanto** supe la noticia.
2. **Mientras** vivas en mi casa comerás lo que yo te diga.
3. **En cuanto / Cuando** llegues a Barcelona mándame un mensaje.
4. Los gallos cantan **en cuanto** sale el sol.
5. ¡Corre! Ve al supermercado **antes de que** cierre.
6. **Cuando** me levanto pongo la radio para conocer las noticias.
7. **Cuando** estés cansado debes tomar algo con azúcar.
8. Yo me acuesto **nada más** cenar.
9. No es bueno hacer deporte **después de** comer.
10. Bebía mucha agua **mientras** estaba estudiando.

10.

1. Tapa la cazuela tan pronto como **hierva** el agua.
2. Las patatas se ponen doradas cuando se **fríen**.
3. Mientras mi madre **hacía** la cena, yo ponía la mesa.
4. Hay que limpiar la cocina antes de que **lleguen** los invitados.
5. Nada más **comer** el primer plato, empecé a sentirme mal.
6. La sal se echa en cuanto **empieza** a hervir el agua.
7. Cuando **vivía** solo nunca cocinaba para mí.
8. Llámame en cuanto **esté** lista la cena.
9. Haremos la pasta después de que se **cuezan** los huevos.
10. La mantequilla se deshace tan pronto como se **echa** en la sartén.

11.

Respuesta libre.

Lección 5

1.

Madrid, Puerta del Sol, 11.00 a.m.
Tú: Hola / Buenos días / ¿Qué pasa, madero?
Agente de policía: ¿Pasa, tronco? / Buenos días.
Tú: ¿Puedes / Podría ayudarme?
Agente de policía: Claro que sí.
Tú: Me gusta / gustaría / gustó saber cómo llegar al Parque del Retiro.
Agente de policía: Está muy cerca de aquí. Aproximadamente a unos 20-25 minutos.
Tú: ¿Sabría / Sabes decirme si hay algún autobús que me pueda llevar hasta allí?
Agente de policía: Sí, por supuesto. Si no recuerdo mal, el n.º 52, que sale de aquí mismo, tiene una parada en el Retiro.
Tú: Muchas gracias. Ciao, madero / Adiós / Hasta luego.
Agente de policía: A su servicio. Adiós.

2.

Poco recomendable: Lleva todos tus objetos de valor a la vista de todo el mundo.
Utiliza los medios de transporte y deja tu mochila lejos de ti.
Sal por los bares de moda hasta altas horas de la madrugada.

3.

Posibles respuestas

Llévate una tienda y un saco de dormir.
Lleva la cámara de fotos.
Prepara ropa cómoda y también de abrigo.
Guarda el programa de los conciertos para asistir a aquellos que más te gusten.

1. Sería conveniente que conocieras bien el lugar donde se va a celebrar.
2. Te sugiero que vayas con un grupo de buenos amigos.
3. Te aconsejo que lleves calzado cómodo.
4. Te recomiendo que no bebas alcohol.
5. Lo mejor es que no lleves cosas de valor.

4.

Un hotel de dos estrellas puede ofrecer:
Televisión
Calefacción central
Teléfono

5.

1. Aunque **fuera** más alta, no **trabajaría** de modelo.
2. Aunque **tuviera** que estudiar mucho, no **dejaría** de dormir.
3. Aunque **viaje** toda la noche, mañana **estaré** en tu boda.
4. Aunque **viva / viviera** mil años, nunca **llegaré / llegaría** a saber lo que tú sabes.
5. Aunque no **acierte** la quiniela, todas las semanas **seguiré** haciéndola.

6.

Posibles respuestas

1. Aunque hable mejor español, **nunca dejaré de estudiarlo.**
2. Aunque conozca cada día a más gente, **jamás te olvidaré.**
3. Aunque salgamos de fiesta, **mañana iré a clase.**
4. Aunque no sepas bailar, **yo saldré de marcha contigo.**
5. Aunque tengas coche, **iremos en autobús a Madrid.**

7.

pan con tomate: Cataluña
gazpacho: Andalucía
paella: Valencia
empanada: Galicia
cocido: Madrid
fabada: Asturias
marmitako de bonito: País Vasco

8.

Posibles respuestas

1. Cuida tus dientes todos los días.
2. Apaga tu sed.
3. Escápate con él.
4. No los abandones, ellos no lo harían.

9.

Eslogan: ¿De qué van las drogas? ¿De qué van los jóvenes?
Cuerpo de texto: Cada vez hay más jóvenes que **se meten en el mundo de las drogas.**
Cierre de texto: Antes de que **sea** demasiado tarde, **di** NO A LAS DROGAS.

Lección 6

1.
1. PUENTING.
2. DESCENSO DE CAÑONES.
3. ESCALADA.
4. PARAPENTE.
5. RAFTING
6. ALA DELTA.
7. SNOWBOARD.

2.

ACUÁTICOS	TERRESTRES	AÉREOS
1. RAFTING	1. DESCENSO DE CAÑONES 2. ESCALADA 3. SNOWBOARD	1. PUENTING 2. PARAPENTE 3. ALA DELTA

3.
1. F   6. V
2. F   7. F
3. V   8. F
4. V   9. V
5. F   10. V

4.
Lucas: Buenos días, Javier.
Javier: Buenos días.
Lucas: ¿Has dormido bien?
Javier: Sí, muy bien. Sé que es **aconsejable** dormir ocho horas para estar descansado y así lo he hecho.
Lucas: Perfecto, ¿estás preparado?
Javier: Bueno. Estoy un poco nervioso.
Lucas: Es **natural**, siendo la primera vez que vas a practicar este deporte.
Veo que te has puesto un traje de neopreno.
Javier: Sí. Sé que es **necesario** ponérselo porque las aguas del mar están a bajas temperaturas.
Lucas: No olvides que también es **importante** ponerse gafas, aletas y bombona de oxígeno.
Javier: Sí, lo sé. Además, es **útil** llevar pesas en la cadera para poder sumergirme con mayor rapidez.
Lucas: Chico, sabes un montón. Entonces, vamos al agua. Es **malo** que nos tiremos de cabeza, es **mejor** hacerlo de espaldas ya que la bombona de oxígeno está llena y pesa bastante.
Lucas: ¿Preparado? Una, dos y tres… Plaf…

5.
1. Para practicar submarinismo no es necesario / <u>es necesario</u> ponerse un traje de neopreno.
2. Es malo / <u>Es aconsejable</u> el uso de gafas para sumergirse en el agua.
3. <u>Es importante</u> / No es importante llevar bombona de oxígeno.
4. <u>Es útil</u> / No es útil la utilización de pesas en la cadera.
5. Es natural / <u>Es malo</u> tirarse de cabeza cuando vayamos a practicar submarinismo.

6.
Tachar:
1. No es necesario la utilización de cuerdas.
3. Es natural tener vértigo cuando practicas este deporte.
4. No es útil llevar casco.
6. Es mejor practicar este deporte en solitario.

7.
1. Para practicar *snowboard* es necesario tener una tabla, es aconsejable la utilización de casco…
2. Cuando queramos hacer *puenting* es importante comprobar que las cuerdas estén en buen estado…
3. A la hora de hacer *rafting* es aconsejable el uso de chalecos salvavidas…

8.

Posibles respuestas
1. No, no creo que el puenting sea un deporte muy arriesgado.
2. Sí, pienso que hay una edad para practicar estos deportes.
3. Sí, me parece que hacer escalada es uno de los deportes más duros.
4. No, no creo que el rafting pueda practicarse en solitario.

9 y 10.
Respuesta libre.

Lección 7

1.

Yo: comprara o comprase / vendiera o vendiese / abriera o abriese

Tú: compraras o comprases / vendieras o vendieses / abrieras o abrieses

Él / Ella / Vd.: comprara o comprase / vendiera o vendiese / abriera o abriese

Nosotros/as: compráramos o comprásemos / vendiéramos o vendiésemos / abriéramos o abriésemos

Vosotros/as: comprarais o compraseis / vendierais o vendieseis / abrierais o abrieseis

Ellos / as / Vds.: compraran o comprasen / vendieran o vendiesen / abrieran o abriesen

2.

Dar *(tú):* dieras o dieses
Estar *(nosotros):* estuviéramos o estuviésemos
Poner *(yo):* pusiera o pusiese
Saber *(él):* supiera o supiese
Tener *(vosotros):* tuvierais o tuvieseis
Decir *(ellos):* dijeran o dijesen
Ver *(usted):* viera o viese
Hacer *(ella):* hiciera o hiciese
Reír *(ustedes):* rieran o riesen
Conducir *(nosotros):* condujéramos o condujésemos
Poder *(yo):* pudiera o pudiese

Querer *(usted):* quisiera o quisiese
Ser *(tú):* fueras o fueses
Venir *(vosotros):* vinierais o vinieseis
Traer *(ustedes):* trajeran o trajesen
Oír *(nosotros):* oyéramos u oyésemos
Leer *(yo):* leyera o leyese
Andar *(tú):* anduvieras o anduvieses
Huir *(ellos):* huyeran o huyesen
Dormir *(ustedes):* durmieran o durmiesen
Morir *(vosotros):* murierais o murieseis

3.

1. Me gusta que **pongas** música.
2. Preferiría que no **cerraras / cerrases** la puerta.
3. ¿Te importaría que hoy **saliera / saliese** más pronto?
4. Me gustaría que **vinieras / vinieses** a mi fiesta.
5. Prefiero que me **des** mañana el informe.
6. ¿Te molestaría si **abriera / abriese** la ventana?
7. ¿Le importa que **salga** un momento?
8. ¿Te molesta que **ponga** el aire acondicionado?
9. ¿Me dejas que **utilice** tu ordenador?
10. ¿Le importaría que la cita **fuera / fuese** a las cinco?

4.

1. Invirtieran: invertir
2. Construyese: construir
3. Expandierais: expandir
4. Pusiese: poner
5. Hicieran: hacer
6. Incrementásemos: incrementar
7. Asesoraras: asesorar
8. Consultasen: consultar
9. Sonrieran: sonreír
10. Negociaseis: negociar
11. Rentabilizáramos: rentabilizar
12. Anduviera: andar
13. Quisieseis: querer
14. Supieras: saber
15. Condujéramos: conducir
16. Fueseis: ser / ir
17. Viéramos: ver
18. Dijera: decir
19. Huyésemos: huir
20. Oyerais: oír

5.

Posibles respuestas

1. ¿Podrías pasarme la sal?
2. Puedo poner la radio, ¿no?
3. Cállate, por favor.
4. ¿Te importa que coja tu bolígrafo?
5. ¿Bajas a por folios?
6. ¿Serías tan amable de sacar al perro?
7. Intenta terminar el informe esta tarde, ¿vale?
8. ¿Te importaría ayudarme a limpiar los cristales?

6.

Posibles respuestas

1. Claro, toma.
2. Me da igual.
3. Vale, perdona.
4. En absoluto, cómo no.
5. De acuerdo, ahora voy.
6. Claro, cómo no.
7. Vale, lo intentaré.
8. En absoluto, ahora te ayudo.

7.

Posibles respuestas

1. ¿Te importaría alcanzarme ese libro, por favor?
2. ¿Puedo llevarme esta silla?
3. ¿Sería tan amable de cambiarme diez euros?
4. ¿Podría ver un momento el periódico?
5. ¿Me permiten pasar, por favor?

8.
1. DEMANDA
2. CAPITAL
3. BENEFICIOS
4. SOCIO
5. COMPETENCIA
6. OFERTA
7. BALANCE
8. INVERTIR

9.

Posibles respuestas
1. En verano hay mucha **demanda** de gafas de sol.
2. Para abrir un bar necesito un **capital** mayor del que tengo.
3. Han cerrado la tienda de la esquina porque no daba **beneficios.**
4. Estoy buscando un **socio** para crear un negocio de hostelería.
5. Nuestra campaña publicitaria tiene que ser mejor que la de la **competencia.**
6. La **oferta** turística de esa ciudad es muy limitada.
7. El **balance** del último año ha sido muy positivo.
8. Voy a **invertir** mis ahorros en Bolsa.

10.

PERSONAS	ACCIONES	DINERO	DOCUMENTOS
inversor	ofertar	precios	informe
emprendedor	exportar	intereses	balance
socio	invertir	capital	escrituras
empresario	importar	ingresos	
		gastos	
		impuestos	

11.

Posible respuesta
GLUCO S.A. es una empresa española bien asentada. Desde su creación, ha existido una gran demanda de caramelos Gluco. GLUCO S.A. ha crecido mucho en sus veinte años de vida: de ser un negocio familiar ha pasado a contar con 600 trabajadores. Importa la materia prima de Francia y Alemania y exporta sus productos a muchos países europeos. El año pasado obtuvo unos beneficios de 5.000.000 de euros, casi el doble del capital invertido. El balance de este año es aún más positivo: se invirtieron 4.000.000 de euros y se ganaron 10.000.000. GLUCO S.A. sigue creciendo y abriendo nuevas fábricas por el territorio español.

Lección 8

1.
1. f; 2. c; 3. g; 4. a; 5. b; 6. e; 7. d.

2.

Organigrama:
- Junta de socios
  - Asesoría Jurídica
  - Dirección General
    - Recursos Humanos (Producción, Mantenimiento, Control)
    - Técnico
    - Comercial (Marketing, Compra, Venta, Almacén)
    - Financiero
    - Administración (Contabilidad, Archivo)
  - Consejo de Administración

3.

Sopa de letras con las palabras: DEMOTIVACION, COMPAÑERISMO, RECONOCIMIENTO, RESPONSABILIDAD, COMPETITIVIDAD.

4.
1. F; 2. V; 3. F; 4. F; 5. F.

5.

Posibles respuestas
1. No soporto que mi vecino haga ruido por la noche.
2. No permito que alguien se cuele.
3. No aguanto que mis amigos me hagan esperar.
4. No soporto que la gente aparque mal.
5. No tolero que pisen el suelo cuando estoy fregando.

6.
1. *(Dar)* d**ie**ra o d**ie**se
2. *(Estar)* est**uvie**ra o est**uvie**se
3. *(Poner)* p**usie**ra o p**usie**se
4. *(Saber)* s**upie**ra o s**upie**se
5. *(Tener)* t**uvie**ra o t**uvie**se
6. *(Decir)* d**ije**ra o d**ije**se
7. *(Ver)* v**ie**ra o v**ie**se
8. *(Hacer)* h**icie**ra o h**icie**se
9. *(Reír)* r**ie**ra o r**ie**se
10. *(Conducir)* cond**uje**ra o cond**uje**se
11. *(Poder)* p**udie**ra o p**udie**se
12. *(Querer)* qu**isie**ra o qu**isie**se

13. *(Ser)* f**ue**ra o f**ue**se
14. *(Venir)* v**inie**ra o v**inie**se
15. *(Traer)* tra**je**ra o tra**je**se
16. *(Oír)* o**ye**ra u o**ye**se
17. *(Leer)* le**ye**ra o le**ye**se
18. *(Andar)* and**uvie**ra o and**uvie**se
19. *(Huir)* hu**ye**ra o hu**ye**se
20. *(Morir)* m**urie**ra o m**urie**se

7.

Respuesta libre.

8.

Posible respuesta

Asunto: Solicitud de información.

Madrid, 13 de octubre de 2009

Muy Sr. mío:

Estamos interesados en contratar servicios externos de Soporte Técnico y nos gustaría conocer las características de los que ustedes ofrecen.

Para tal fin, les agradeceríamos que tuvieran a bien concertar una reunión con nuestros representantes.

Les rogamos que no se demoren en su respuesta, pues necesitamos contratar estos servicios con urgencia.

A la espera de sus noticias, los saluda atentamente,

Lección 9

1.

1. Económ**icas**
2. Empresari**ales**
3. Period**ismo**
4. Magist**erio**
5. Filolog**ía**
6. Arquitect**ura**
7. Medic**ina**
8. Histor**ia**
9. Der**echo**
10. Informát**ica**
11. Telecomunicac**iones**

2.

1-c; 2-b; 3-h; 4-l; 5-d; 6-a; 7-f; 8-j; 9-e; 10-g; 11-k; 12-i

3.

ESTUDIOS DE LETRAS: Empresariales, Bellas Artes, Periodismo, Historia, Magisterio, Derecho, Filología.

ESTUDIOS DE CIENCIAS: Económicas, Informática, Arquitectura, Telecomunicaciones, Medicina

4.

Lugares	Personas	Fases del sistema educativo	Trámites y documentos	Tiempo
Universidad	Tuna	Grado	Pre-inscripción	Trimestre
Facultad	Profesor	Postgrado	Matrícula	Cuatrimestre
Aula	Catedrático	Licenciatura		
Rectorado	Rector	Carrera		
Aula Magna	Licenciado	Doctorado		
	Doctor			

5.

Posibles respuestas

1. Voy al Rectorado para echar la preinscripción del doctorado.
2. El Rector dará una conferencia en el Aula Magna.
3. Todos los catedráticos y profesores son doctores.
4. La tuna ensaya en la facultad de Medicina.
5. Este cuatrimestre estoy matriculado en Literatura Medieval.

6.

	decir	querer	saber
Yo	**diré**	**querré**	**sabré**
Tú	**dirás**	**querrás**	**sabrás**
Él / Ella / Usted	dirá	**querrá**	sabrá
Nosotros/as	**diremos**	**querremos**	**sabremos**
Vosotros/as	**diréis**	**querréis**	**sabréis**
Ellos/as / Ustedes	dirán	querrán	**sabrán**

	salir	poner
Yo	**saldré**	**pondré**
Tú	**saldrás**	**pondrás**
Él / Ella / Usted	**saldrá**	**pondrá**
Nosotros/as	**saldremos**	pondremos
Vosotros/as	saldréis	**pondréis**
Ellos/as / Ustedes	**saldrán**	**pondrán**

7.

Hacer: haré, harás, hará, haremos, haréis, harán
Haber: habré, habrás, habrá, habremos, habréis, habrán
Poder: podré, podrás, podrá, podremos, podréis, podrán
Valer: valdré, valdrás, valdrá, valdremos, valdréis, valdrán
Tener: tendré, tendrás, tendrá, tendremos, tendréis, tendrán
Venir: vendré, vendrás, vendrá, vendremos, vendréis, vendrán

8.

Posibles respuestas

1. Comerán hamburguesas y otros productos cocinados en pocos minutos.
2. Pagarán las compras con una tarjeta de plástico.
3. Conocerán cualquier dato a través de un servicio de información inmediata.
4. Verán películas en casa a través de pequeñas pantallas.
5. Viajarán en trenes muy rápidos.
6. Subirán las escaleras sin mover las piernas.
7. Grabarán los acontecimientos importantes de su vida para verlos en el futuro.
8. Enviarán cartas en un segundo y sin papel.
9. Cocinarán sin fuego.
10. Guardarán documentos en una pequeña máquina.

9.

1. **Voy a pintar / pintaré** mi casa de azul.
2. Algún día nosotros **volveremos** a Roma.
3. Jamás **volveré** a pasar hambre.
4. ¡Estoy harta! **Voy a dejar** de fumar.
5. Elvira nunca **se casará / se va a casar** con él, odia los compromisos.
6. Está muy desanimada, cree que nunca **encontrará / va a encontrar** trabajo.
7. ¿Sabes? **¡Voy a tener** un niño!
8. No te preocupes, todo **saldrá / va a salir** bien.
9. Ven a mi casa, aquí **estarás** a salvo.
10. **Voy a estudiar / estudiaré** en la universidad de Alcalá.
11. El avión **tomará / va a tomar** tierra en breves momentos.
12. El ayuntamiento **construirá / va a construir** 2.000 viviendas de protección oficial.
13. **Voy a teñirme / me teñiré** el pelo de rojo.
14. María **va a matricularse** en Medicina.
15. Pedro y yo **vamos a casarnos**.
16. **Pensaré** en ti todos los días.
17. **Voy a pedir / pediré** un crédito al banco, quiero comprarme un coche.
18. Te **escribiré** al llegar.
19. Siempre me **acordaré / voy a acordar** de aquel día, fue maravilloso…
20. **Voy a comprarme / me compraré** un coche.
21. Esta noche Ana y yo **vamos a ver / veremos** una película.
22. Se informa a los ciudadanos de que el agua **será** cortada de nueve a once de la mañana.
23. El aparcamiento **se cerrará** a las doce de la noche.
24. El domingo **voy a comer / comeré** con mi familia.
25. La ambulancia **trasladará / va a trasladar** a los heridos al hospital.
26. Las obras en la línea 1 de metro **durarán / van a durar** un mes.
27. El cometa **pasará / va a pasar** cerca de Marte.
28. **Voy a visitar / visitaré** a mis amigos de Barcelona.
29. La nueva autopista **atravesará / va a atravesar** la provincia de Teruel.
30. Javier, ¿**vas a dormir** la siesta?

10.

Respuesta libre.

11.

1.
–Ahora vuelvo, cariño. **Voy a sacar** la basura.
–Vale, no tardes.
2.
–Este fin de semana voy a ir a Toledo.
–Quizás **iré** yo también.
3.
–¿Sabes a qué hora **saldrá** el tren mañana?
–Supongo que saldrá a las doce, como siempre.
4.
–¿Qué piensas hacer con el dinero de la lotería?
–Pues voy a invertir en Bolsa. Estoy decidido.
5.
–¿Adónde vas? ¡La película ya ha empezado!
–Es solo un minuto. **Voy a comprar** palomitas.
6.
–¿Vas a comer aquí?
–No, no me he traído comida.
7.
–¿Qué hora es?
–Van a ser las dos. Falta un minuto exactamente.
8.
–¿Cuándo sabremos los resultados de los análisis?
–El próximo lunes nos los **darán**.

Lección 10

1.

1. F; 2. F; 3. V; 4. F; 5. V; 6. F; 7. V; 8. F.

2.

Posibles respuestas

1. Curso presencial: curso que se realiza en un centro educativo; es necesario asistir a las clases.
2. Programación didáctica: planificación de las actividades que se realizan en un curso.
3. Academia: centro educativo privado en el que se imparten idiomas, informática, baile, etc., o en el que se ayuda a preparar exámenes y oposiciones.
4. Exposición oral: presentación de un tema de forma oral ante un grupo de personas o público.

5. Tribunal de oposición: grupo de examinadores en unas oposiciones; hay varios *vocales,* que solo examinan, y un *presidente,* que dirige el proceso.

3.
1. ...cuando las vacas vuelen.
2. ...cuando las ranas tengan pelo.
3. ...cuando el sol salga por el oeste.
4. ...cuando llueva café.
5. ...cuando los hombres se queden embarazados.
6. ...cuando las piedras anden.
7. ...cuando los robots se enamoren.

4.
1. Cuando **esté** de vacaciones voy a levantarme a las once de la mañana.
2. Cuando **vivía** con mis padres no tenía que preocuparme de nada.
3. ¿Nos tomamos un café cuando **acabemos** el trabajo?
4. Cuando **estoy** de vacaciones me levanto a las once de la mañana.
5. Vete cuando **termines**, no me esperes.
6. Cierra la puerta con llave cuando **te quedes** solo en casa.
7. El niño llora cuando **tiene** hambre.
8. Cuando **llegué** a mi casa, la puerta estaba abierta.
9. Llámame cuando **tengas** un problema.
10. Habla sólo cuando te **pregunten.**
11. Por favor, ven cuando **tengas** un minuto.
12. Cuando **me di** cuenta de mi error, ya era demasiado tarde para solucionarlo.
13. Sólo se acuerda de mí cuando me **necesita**.
14. Juan estaba muy animado cuando **hablé** con él.
15. Esther está de mal humor cuando no **duerme**.

5.
VERBOS REGULARES: cantar, atender, consumir, comprar, reconocer, permitir, estudiar, conceder, subir, educar, perder, vivir, hablar.
VERBOS IRREGULARES: dar, andar, creer, estar, ir, ser, pedir, poner, saber, tener, decir, ver, hacer, sonreír, leer, poder, querer, venir, huir, conducir, dormir, traer, morir.

6.
Cantar: cantara / cantase
Decir: dijera / dijese
Ver: viera / viese
Hacer: hiciera / hiciese
Conducir: condujera / condujese
Sonreír: sonriera / sonriese
Leer: leyera / leyese
Andar: anduviera / anduviese
Poder: pudiera / pudiese
Atender: atendiera / atendiese
Querer: quisiera / quisiese
Consumir: consumiera / consumiese
Ser: fuera / fuese
Dormir: durmiera / durmiese
Comprar: comprara / comprase
Venir: viniera / viniese
Reconocer: reconociera / reconociese
Huir: huyera / huyese
Hablar: hablara / hablase
Dar: diera / diese
Creer: creyera / creyese
Estar: estuviera / estuviese
Permitir: permitiera / permitiese
Traer: trajera / trajese
Ir: fuera / fuese
Estudiar: estudiara / estudiase
Pedir: pidiera / pidiese
Conceder: concediera / concediese
Poner: pusiera / pusiese
Subir: subiera / subiese
Saber: supiera / supiese
Morir: muriera / muriese
Educar: educara / educase
Tener: tuviera / tuviese
Perder: perdiera / perdiese
Vivir: viviera / viviese

7.
1. Riéramos diez minutos.
2. Leyéramos un poema.
3. Durmiéramos la siesta.
4. Comiéramos chocolate.
5. Madrugáramos.
6. Habláramos con amigos.
7. Diéramos un pequeño paseo.
8. Oliéramos una flor.
9. Escucháramos música.
10. Fuéramos nosotros mismos.

8.
1. Si **apruebo** las oposiciones, invitaré a mis amigos a cenar.
2. Si me levanto pronto, **podré** ir al banco antes del trabajo.
3. Si me **dieran** el puesto, invitaría a mis amigos a cenar.
4. Si acabara el trabajo a las ocho, **vería** una película.
5. Si **me acuesto** pronto, mañana no tendré sueño.
6. Si todo va bien, el año que viene me **compraré** una casa.
7. Si **pierdo** el tren, voy en autobús a trabajar.
8. Si tuviera veinte años menos, **iría** todos los días al gimnasio.
9. Si no **me equivoco** mucho, aprobaré el examen.
10. Si fueras como él, no **tendrías** tantos problemas.
11. Si no **me tomo** un café por la mañana, me siento fatal.
12. ¿Qué harías si no **tuvieras** teléfono móvil?
13. Si **hace** buen tiempo, iré al zoológico.
14. Si tienes alguna duda, **llámame**.
15. No sé qué **haría** si no tuviera teléfono móvil.

9.

Posibles respuestas

1. Si llueve no iremos de excursión.
2. Si me encontrara un gato en la calle, lo llevaría a mi casa.
3. Si me enamorara, estaría cantando todo el tiempo.
4. Si no durmiera, me tomaría cinco tazas de café al día siguiente.
5. Si bebes, no conduzcas.

10.

Respuesta libre.

11.

Posibles respuestas

1. Trabajé todo el verano para pagarme los estudios.
2. Me levanto muy temprano con el objeto de no llegar tarde al trabajo.
3. Fui a la joyería a que me arreglaran un anillo.
4. Cuido mi alimentación a fin de tener buena salud.
5. Invertí dinero en la Bolsa con la finalidad de aumentar mi capital.
6. Fui al banco a sacar dinero.
7. Leo cuentos a mi hijo a fin de que se duerma.
8. Llamaré a mi hermana para que me diga cómo se hace la comida.